筑摩選書

河野誠哉
Kawano Seiya

個性幻想

教育的価値の歴史社会学

個性幻想　教育的価値の歴史社会学　目次

〔凡例〕
・引用文は読みやすさを考慮して旧字体の漢字を新字体に改め、一部にルビを付したが、歴史的かな遣いは原文のままとした。
・引用に際しては、現代では不適切と思われる表現であっても当時の社会的認識を示す歴史的用語としてそのまま引用した。ご理解いただきたい。

個性幻想

教育的価値の歴史社会学

序章

歴史の中の「個性」

盗癖も「個性」

大正年間を中心とする期間に学校教育の革新を目指して展開された「大正新教育」については、のちに第1章の中であらためて解説することになるが、この運動に関与した教育家群像の中でも重要な一人として野村芳兵衛という人物がいる。いわゆる「新学校」のひとつである池袋児童の村小学校で教師を務め、自らの実践記録をはじめ、教育のあり方について論じた書き物を数多く残している。その野村が一九二〇年代に書いたもののひとつに、盗癖のある子供をどう扱うかについて言及した文章がある。以下の一節はそこからの引用である。

茲《ここ》に盗癖のある子供がいる。その場合にどうするか。〔中略〕自分は無心になつて、その子に接してみて純さが感ぜられるかどうか。又この子はどれだけの経験を持ち、どれだけの知識を持つてゐるか。そこから静かにその子との交渉を深めて行きたい。若《も》しその子から純さを感ずることが出来ないとしたら、どうしてこの子は不純な心になつたかを考へてみる。或《あるい》はその原因が脳の生理的欠陥にあるのかも知れない。そうだつたら、それは責めると言ふよりも、先《ま》づ同情すべき事実である。そして出来るなら、父母なり社会の機関なりと協力して、その子の生理的成長をはかりたいと思ふ。又その子の今日までの環境が、その子を不純にした原因であるならば、これ又同情に価する。父母と協力して、不純をとりもどし得る暖い環境にその子を置きたいと思ふ。若し父母も不純であつて協力出来ないならば、せめて学校で

だけはその子を暖い空気の中に置きたいと思ふ。（野村一九二五、九八頁）

無心になって子供に接するというあたり、教育意識を否定する教育観を示したとも評されている野村らしい独特の態度というべきところであるが、しかし、いま野村のこの文章を取り上げた理由はそこではない。重要なのは、これが「個性尊重の教育」について論じた文章だということである。すなわち、子供の個性について語る文脈において、まずもって「盗癖のある子供」を例示してくる感覚のほうに、ここでは注目しておきたいのである。

もう少し具体的な論旨をたどっておくことにしよう。個性とはそもそも善悪以前の存在だというのが、ここでの野村の主張のポイントである。すなわち野村は、「普通に善い個性だとか悪い個性だとか言ふのは、個性に善悪があるのではなく、個性の育つ姿に善悪があるのだと思ふ」（野村一九二五、九七頁）と書いており、前記に引用した「盗癖」の箇所は、まさしくその実例として語られた内容であった。そして次のように続けている。

何《いず》れにしても悪い個性ときめてかゝるよりも、いゝ育ち方でないと見て、育てる心持ちで接しなくては教育ではないと思ふ。それがどれだけ合理的であるにしても、これは伸すべき個性、これは変質すべき個性、これは摘むべき個性などと、一つの尊い生命の前に鋏《はさみ》を持つて立つ思想は、私は純情の上からだけでも承認する心持になれない。〔中略〕個性尊重の教育は、月見草を夏の夕べに浮かばせ、野路の末に、野菊を笑ませ、黒い土手に出た蕗《ふき》の薹《とう》をそのま丶の風情に宇宙を荘厳したいと願ふ教育である。私はそうした心持で、子供の一人一人に接したいと思ふ。（野村一九二五、九八〜一〇一頁）

ここで善い個性と悪い個性を区別せずに、すべてをありのままに受け入れようとする態度は、たしかに野村らしい特有のスタンスと言えそうである。しかし、盗癖を個性のひとつとして数え上げる感覚自体は、じつは当時としては決して特異なものではなかった。のちに第2章において「個性調査」の実践について取り上げる中でも確認していく通り、かつて「個性」とは、ごくシンプルに諸個人に備わる個体的特徴のことにほかならなかったのである。

それに対して現在なら果たしてどうであろうか。今日では善い個性と悪い個性の区別うんぬんという以前に、そもそも価値のある特性だけしか個性とは見なさないというのが通例である。そして盗癖を個性の一部と考えるようなことは、ほとんど想像も及ばないところだろう。つまり当時と現在とでは「個性」の語の含意が大きく変質してしまっているのである。野村のこの文章は、個性概念のはらみもつ歴史性というものを、きわめて明瞭に物語る一例と言えるだろう。

そしてこれから本書が照準していくのは、まさしくこの部分である。今日、「個性」という言葉は、ある種の教育的価値と結びついた言葉としてすっかり定着し、さらには社会的な価値としても広く浸透しているが、現実にはそれは、社会の中でどんな役回りを演じてきただろうか。前述の盗癖の例はやや極端にしても、冷静に振り返ってみると、世間では「個性の尊重」や「個性を伸ばす」といった常套句が幅を利かせている一方で、そこでいう「個性」の具体的な中身はしばしば曖昧なままである。具体的な中身が問われることなく、とにかく「個性」と銘打たれてさえいれば、何でも価値のあるもの、意義のあるものとして扱われてきた観さえあった。

しかし、実際にはそれは、世間で素朴に信憑されているほどにはイノセントな概念ではない。というよりもむしろ、価値的な含意を伴うからこそ、この概念はこれまで、さまざまな場面で多くの人々を巻き込み、幻惑し、そして少なからぬ混乱を引き起こしてきた。教育関係の領域には他にもそういうスローガン的用語が少なくないが、「個性」はその最たるもののひとつなのである。

のちの章で確認していく通り、日本社会はこれまで、おおむね一九一〇~二〇年代を中心とする期間と、一九八〇~九〇年代を中心とする期間という二度にわたって、「個性ブーム」と呼べるような状況を経験してきた。なにゆえに「個性」は、これほどまでに人々を惹きつける社会的なテーマとなり得たのだろうか。そして私たちの社会は、この言葉に託してどんな理想=幻想を思い描いてきただろうか。

本書の以下の章では、これら両ブーム期の具体的な様相を中心に、日本社会に個性概念が流通し始めてから現在に至るまでの期間において、この概念をめぐって展開されてきた社会的な出来事の沿革について、あらためて整理していくことにしたい。

「鳥の眼」のアプローチ

さて、個性概念の登場から現在までというと、きわめて長期に及ぶスパンを取り扱っていくことになるわけであるが、じつはそれ自体が本書の方法的な戦略の一部でもある。「個性」について論じる際のスタンスとして、そうした俯瞰的な視座こそが不可欠であると判断するからである。まずはそのことについて若干の説明を施しておくことにしたい。

たとえば前述のような個性概念にまつわる混乱の状況をめぐっては、これまでにも少なからぬ論者によって批判的論点が提出されてきた。本書の叙述もまたこれらの議論を大いに参照させてもらうことになるのだが、しかし、従来の「個性」論には、論者自身の依拠すべき足場をいかに確保すべきかという部分において、どこか特有の難点が感じられることが少なくなかった。すなわち、個性概念の誤用や悪用などを批判する際の論拠として、しばしば、それぞれの論者の考える「本来の個性概念」が半ば強引に措定されるというパターンに陥りがちなのである。「本来なら個性とは、かくかくしかじかの意味であるべきはずなのに、現状はこのように歪められて適用されてしまっている」というわけである。

そこで挙げられている「本来の個性概念」の中身もいろいろである。たとえばそれは個人の全体性に関わるものでなければならないはずだとか、他者との比較が前提になければならないとか、自己ではなく他者によって規定されるべきものであるとか、そして、ポジティブな特性のみを指すものであるはずだとか、じつにさまざまな概念規定がなされてきた。もちろん、そこで強調されるポイントは議論の文脈によっても多様であり得るから、いろんな概念規定がなされていることと自体は決してまずいことではないだろう。問題なのは、各々が立脚している「本来の個性概念」のその真正性は一体どのようにして担保されるのかという部分である。それぞれが提示しているプロトタイプもまた、恣意的な概念規定にすぎないとのそしりを免れることができないのではないだろうか。たしかにこれらの先行研究の中にも、洞察力にあふれる優れた議論は決して少なくないのだが、しかしこれではせっかくの鋭敏な分析も、肝心のところで説得力が削がれてしまっていると言わざるをえないだろう。

本書の考えでは、「個性」をめぐる動向について検証しようとする試みにおいて「本来の個性概念」を批判の準拠点として措定するやり方は悪手である。というより、それを想定すること自体がもともと不可能と考えるべきであって、結局のところ我々は、歴史上のその時々の場面において、現実に「個性と呼ばれているもの」の社会的な様態を一つひとつ対象化していくほかないのではないかと考える。そしてそのうえで、それらを相互に対照させるかたちでもって初めて、実りある分析のための視座が開かれてくるのではないだろうか。したがってここで必要なのは、長期間に及ぶ歴史過程の全体を俯瞰するための、いわば「鳥の眼」の視点である。

ここで「鳥の眼」のアプローチと呼んだのは、学術的にはあまり洗練された言い方ではないかもしれないが、要するに歴史的な事実への向き合い方として、ことさらに細部を突きつめるよりも、全体像を捉えることのほうに主要な関心を向けるという方法的態度のことである。イメージ的な比喩を挙げるなら、「ナスカの地上絵」あたりの例示を持ち出せばよいだろうか。地上からも見えていたはずなのに気づかれていなかった何かが、ある方法的な距離をとることによって、突然形のあるものとして見えてくるということがある。さまざまな要素が混在する「地」の部分から、隠れていた「図」を浮かび上がらせていくのである。本書が明らかにしていきたいのは、人々と「個性」との関わりをめぐる歴史の中でも、特にそうした位相である。

そのため、これから扱っていく素材は十分に具体的なトピックスばかりだが、しかし、これによって関連する事実がすべて網羅されているというわけでは決してない。むしろ、必要と思われる部分だけを戦略的に選び出し、細部をあえて捨象することによって、隠れた構造や変化の諸相を可視化させていくことに努めていくことになる。

本書の分析視角

「鳥の眼」が現象を捉える際の本書の立ち位置のことだとすると、次に重要なことは、現象を捉える際のスポットライトの当て方ということになるだろう。そうした意味での分析視角として、本書が特に注目していきたいのは以下の二つである。

第一の分析視角は、人々を「個性」の魅力へと駆り立てた誘因力を、近代という様式に固有の特質に対するアンチテーゼとして捉える観点である。とりわけそれは初期において顕著な傾向と思われるが、「個性」の重要性が強く主張される場合にはいつも、集団性や画一性、均質性に関わる問題状況への嫌悪や忌避感が直接的な契機となっている様子が看取される。それは突きつめていくなら、近代という様式に備わる、ある種の構造的宿命の一部として理解できるというのが本書の見立てである。つまり「個性」というテーマが社会的に浮上してくる背景には、近代的疎外の問題が横たわっているのである。

その意味で、そもそも「個性」が社会的な関心と結び付くことになった主要舞台が学校教育の領域であったことは、きわめて象徴的と言えるだろう。国民皆就学の理念のもと、すべての学齢児童がそこに集められ、年齢別に編成された学級ごとに一斉授業に取り組むという学校教育のセッティングこそは、まさしく近代的な様式的特徴が集約的に備わる現場だったからである。こうした構造のもと、やがて人々の間で意識されるようになったひずみに対して、その解決策として新たに求められた目標が「個性」というキーワードであった。こうした観点を補助線とすることによって、なぜ人々はそれほどまでに「個性」に執着しなければならなかったのかについて、一定の説明が得られていくものと考えている。

しかしながら他方で、「個性」をめぐる社会的な出来事の、きわめて長期間にわたるこれまでの経過を読み解いていくためには、この観点だけではおそらく十分ではない。特に時代が下るほど、「個性」は徐々に、それ自体が社会に対して固有の作用を及ぼすようになって行ったようにも見えるからである。そこで第二の分析視角が重要になってくる。それは「個性」の語そのものの機能としての、レトリカルな作用に注目する観点である。

すでに戦前の段階で、その傾向が準備されていたことはまちがいないが、しかし、とりわけ「個性」への向き合い方が実践の次元から遊離し、つまりは実在としての「個性」から浮遊したところで、ほとんど言葉の上だけで「個性」という存在がさまざまな効力を発揮し始めるのは、おおむね戦後の二度目のブーム以降のことである。

本書の見るところ、それはこの言葉そのものが価値的な重みを帯びるようになっていったことの帰結であった。そしてまさしくそれゆえに、思わぬ社会的混乱が引き起こされていくのである。

この観点でもって、なぜ人々はこれほどまでに「個性」に翻弄されなければならなかったのかについて、解読していくための手がかりとしていくことにしたい。

各章の構成

以上のような方針のもと、本書における探索は、次のような構成で進められることになる。

まず第1章では、日本社会における個性ブームの最初の局面と言える大正新教育下の「個性教育」の状況について取り上げる。特にその最大のイデオローグの一人であった澤柳政太郎と、彼の創設した成城小学校における個別教育の実践に注目し、そこで推進された「個性尊重」の教育の経過について概観していく。

第2章では、前記の大正新教育と同じ時期に、一般の公立小学校などで広く取り組まれていた「個性調査」の実践を取り上げる。この実践は、学校現場において以前から固有の進化を遂げてきた〈表簿の実践〉を基礎としつつ、やがて測定学にもとづく心理学的知と結合して行ったことが特徴と言えるが、そこで心理学者たちが具体的にどのように関与し、また、いかなる人間観がそこに投影されていたのかなどについて検討していく。

第1〜2章が、一九一〇〜二〇年代あたりを中心とする戦前期の最初の個性ブームの状況についての内容であるのに対して、続く第3〜4章で取り上げるのは、一九八〇〜九〇年代あたりを中心とする、戦後の再ブームの様相についてである。すなわちこの時期において、校内暴力や登校拒否、いじめなど、学校の荒廃が社会問題として浮上するようになり、そうした閉塞状況を背景としながら、「個性」の語が時代のキーワードとして再び脚光を浴び始めることになる。第3章では、その一連の経過について概観するとともに、当時「教育改革」を掲げる中曽根康弘内閣が、新たに「臨時教育審議会」を立ち上げ、その重要答申として「個性重視の原則」を示し、「個性化教育」路線を推進していった過程について検討する。

しかし他方では、このような「個性化」への指向は、決して学校教育の領域に限られるものではなかった。それはこの頃の日本社会が消費社会段階に到達した状況のもとでの新たな欲望でもあった。第4章では、そうした背景のもと、とりわけ若者世代において「個性」が目標化され、強迫観念的なものへと転じていくという事態について考えていく。そしてそのうえで、一九九〇年代以降「個性」が学習課題として学校の道徳カリキュラムの中に組み込まれていった状況について概観するとともに、道徳科が正式の教科となった近年の状況について検討を加える。

続く第5章では、いったん通史的な叙述から離れ、「個性」の語そのものの社会的な履歴について取り上げる。いくつかのデータベースをコーパス的に利用することによって、一九〇〇年代から現代までの期間における「個性」の語の社会的流通の長期的な趨勢に関する計量的な分析を行う。

そして第6章では、おおむね二〇〇〇年代以降の比較的新しい状況として、障害について語る文脈の中で「個性」の語が使われるようになった事態について考えていく。

以上をざっくりと概括するなら、これから見ていくのは、大正期に「個性」が教育的価値として浮上し、やがて混乱を伴いながらも社会的価値として定着し、そして現在に至るまでのプロセスということになる。

なお、以上の章立てから明らかな通り、取り上げていくトピックスの主要舞台は学校教育ということになる。言うまでもないことだが、学校教育こそは「個性」概念の展開と深いかかわりを持つ中心的領域にほかならなかった。したがって本書における探索は、結果的に学校教育の通史を振り返っていく試みともなるはずである。鳥の眼の視点でもって、「個性」という切り口からあらためて、これまでの日本の公教育の歩みを読み解いていくことにしたい。

第1章

教育的価値としての浮上——大正新教育と「個性教育」

1 「個性教育」の時代

背景としての「新教育」

近代日本における「個性」の語の初期状況を詳細に跡付けた片桐芳雄は、「個性」という用語は「明治期に、おそらく教育学の分野でindividualityの訳語として発明され、やがて社会一般に普及した」(片桐二〇〇六、一四五～一四六頁)のだとしている。果たして教育学の分野で「発明された」とまで言い切れるのかわからないが、この言葉が最初に社会的に大きく注目される状況を作り出したのがもっぱら教育分野であったことはまちがいない。すなわち、明治末から大正期にかけての時期の教育界では、近代教育の問い直しの機運がにわかに高まり、そうした中で「個性の尊重」を唱える言説が盛んに叫ばれるようになるのである。

教育史上の基本事項として、まずはこのあたりの一連の経過について確認しておくことから始めることにしよう。近代教育の問い直し――それは日本のみならず世界的な規模で起こった出来事であった。たとえばドイツでは「改革教育」、アメリカでは「進歩主義教育」などと、地域によって呼称は様々だが、一九世紀末から二〇世紀前半にかけて、このように国際的な広がりをもって展開された教育改革の思想ないし運動は、一般にその総称として「新教育」と呼ばれている。

といっても、世界中のあらゆる国々にこうした動きが波及したというわけではない。新教育の展開がみられたのは、アメリカや西ヨーロッパ諸国、そして日本など、いずれも一定程度、近代的な公教育制度が完成した状態にあった諸国という共通点が挙げられる。これらの国々において、ひとまずは国民皆就学が実現したもとでの学校教育の現状に対して、教育家たちのあいだから懐疑のまなざしが向けられるようになる。「学校とは机の上に教科書を広げ、先生の言うことを静かに聞くところだ」というそれまでの学校観に対して、異議申し立ての動きが拡がるのである。近代教育にはらまれていた固有の難点が批判の対象となり、そして新しいタイプの教育の在り方が模索されるようになっていく。だからこそそれは「近代教育の問い直し」なのであった。

そしてこの「新教育」の、思想的な特徴として挙げられるのが「児童中心主義」である。この側面をめぐっては、アメリカの新教育の代表的思想家であるJ・デューイによる以下の文言がよく知られている。

旧教育は、これを要約すれば、重力の中心が子どもたち以外にあるという一言につきる。重力の中心が、教師・教科書、その他どこであろうとよいが、とにかく子ども自身の直接の本能と活動以外のところにある。〔中略〕いまやわれわれの教育の到来しつつある変革は、重力の中心の移動である。〔中略〕このたびは子どもが太陽となり、その周囲を教育の諸々のいとなみが回転する。子どもが中心であり、この中心のまわりに諸々のいとなみが組織される。（Dewey 訳書一九五七、四五頁）

ここに宣言されているのは、学校教育の考え方に対するコペルニクス的な転回である。それまでの教師・教科書中心の教育から、児童中心の教育への移行が説かれるのである。かくして従来の画一的形式主義的な教育の在り方が批判され、子供たち自身の興味や自発性を重視する類の様々な教育実践が模索されていくことになる。そしてこの機運は、当時アジアでいちはやく近代化を達成し、近代的な公教育制度を実現していた日本にも到達してくるのである。

大正新教育と「個性教育」

日本における新教育は、そのピークが主に大正年間を中心とする期間であったことから、一般に「大正新教育」あるいは「大正自由教育」と呼ばれている。その範疇に収めうるトピックは広範囲に及ぶが、なかでもよく知られているのは、教育実践の革新を目指す教育家たちによって、この新教育を標榜する私立学校の創立が相次いだことである。今井恒郎の日本済美学校（一九〇七年）を手始めに、西山哲治の帝国小学校（一九一二年）、中村春二の成蹊実務学校（一九一二年）、澤柳政太郎の成城小学校（一九一七年）、羽仁もと子の自由学園（一九二一年）、西村伊作の文化学院（一九二一年）といった新しいタイプの私立学校が次々に創設された。当時これらは「新学校」と呼ばれ、一般の公立学校では取り組むことの難しい革新的な教育実践がさまざまに試みられていくことになる。

また、これらの私立学校のほかに師範学校の附属小学校でも、幾人かのリーダーのもとで実験的な取り組みが展開されている。有名どころを挙げるなら、明石女子師範学校附属小学校の及川平治による「分団式動的教育法」や、奈良女子高等師範学校附属小学校・木下竹次による「学習法」「合科学習」、千葉師範学校附属小学校・手塚岸衛《てづかきしえ》による「自由教育」などがそれである。

このように大正新教育の主要舞台となったのは、一部の私立学校や師範学校附属小学校といった、いわば特殊な学校群だったわけだが、かといってこうした高揚感が一般の公立学校の教師たちには無縁だったのかというと決してそうではない。関係する学者や実践家たちによる出版物や講演活動、先進校によって展開された広報活動、教育ジャーナリズムによる旺盛な報道などを通して、職業集団としての彼らの自己認識もまた大いに刺激されることになった。

一九二一(大正一〇)年八月に大日本学術協会によって主催された、いわゆる「八大教育主張講演会」は、新教育をめぐる熱狂のひとつの頂点を示す出来事としてよく知られている。東京高等師範学校講堂を会場として、八人の講演者が毎日一人ずつ全八日間にわたって登壇したこのイベントでは、会費制であったにもかかわらず、地方から泊りがけでやって来る者も含めて、連日二〇〇〇人以上の来場者を集めたと言われる。こうした一連の出来事は、まさしく「教職の覚醒」と呼ぶにふさわしい、注目すべき歴史的局面であった(橋本・田中編二〇一五)。

しかしながら、ここでより重要なことは、それは単なる教員社会の一運動にとどまらず、より広範に、我々の理想とする教育像をめぐる社会的な感性とでもいうべきものが形成される契機となったことであるだろう。教育思想史が専門の今井康雄は、この新教育の時代に形成された教育のイメージこそは、現在に至るまで我々の自明化した教育観であり続けているのだと論じ、それを〈新教育の地平〉と呼んでいる。「私たち自身の自明化した教育観とは、子供の側の自発的な活動〔中略〕を前提とし、教育とはこの自己活動の統御だと考えるような教育のイメージである。〔中略〕そしてこの新教育の時代に形成された教育のイメージが私たち自身のものの考え方の自明の前提になっているという意味で、私たちは〈新教育の地平〉とでも呼ぶべき自明性の地平の上に立っているのである」（今井一九九八、一五頁）。なるほど今井の指摘している通り、たとえば現在において、明治期の教育をモデルとして教育実践の改革を構想しようなどとは誰も考えない。しかし、大正期の新教育の時代に展開された教育実践の試みならば、今日でも依然として〈よき実践〉のモデルたりうる。その意味で新教育は、「現在の私たちが何の段差もなしに遡及しうる、その限界線をなしている」（今井一九九八、一八頁）のである。

本書の主題である「個性」という語の社会的な浸透は、まさしくこのような〈新教育の地平〉の文脈のもとに位置づけることが可能である。大正新教育の進展のプロセスにおいては、「自学」や「生活」など、〝新教育風〟ともいうべき独特の価値的ニュアンスを含んだキーワードが多用される傾向が生じるが、「個性」もまた、まさしくそうした語彙群の中の代表的なひとつであった。それまでの注入主義的で画一的で機械的な暗記中心主義の教育のあり方が批判され、それへのアンチテーゼとして「個性の尊重」の必要性がくり返し叫ばれるようになるのである。

そしてこのような新教育的な思潮的背景のもと、「個性の尊重」を目標として掲げる教育は、当時一般には「個性教育」と呼ばれていた。たとえば百科兼用の中型国語辞典として知られる『広辞苑』の、その前身である『辞苑』（新村出編）の初版が博文館より刊行されたのは一九三五

（昭和一〇）年のことであるが、その「個性」欄において子見出しとして立項されていたのは、まさしくこの「個性教育」であった。そのまま引用すると次の通りである。

こ-せい〔個性〕（名）①個人の特性。②個体の特性。——**きょういく**〔個性教育〕（名）【教】社会的に価値ある個人的人格の特質を見出して之を誘導し、その天分を発揮させる教育。

当時におけるこの語彙の一定の社会的浸透ぶりをうかがわせるものと言えるだろう。おおむね一九一〇～二〇年代を中心とする期間、「個性教育」の時代がたしかに存在していたのである。

一斉教授法の誕生

さて、この時期に「個性の尊重」というテーマが浮上してくることになった論理上の基底には、「集団性と個人性」という、近代教育に固有の問題系が存在していたことが指摘できる。次にこの点について考察しておくことにしたい。

たとえば大正新教育をリードした代表的人物の一人である澤柳政太郎による下記のような言明は、この点についての問題の所在を最も的確に示したものと言えるだろう。

近世の教育は個人を相手とせずして児童生徒の団体を相手として施す教育である。従前は日本に於ても、また西洋に於ても、個人を相手として教へたのであるけれども、今日は教育を施すばあいに於ては個人の特質を発達せしむることを忘れて居らないけれども、個人を単位とし、個人を本位として教育を施すのではない。団体を単位、本位として教育を施して居るのである。ここに於て学校の性質を考へることが益々《ますます》必要である。今日に於ては費用の関係等に於て個人的教育を施すことの出来る者も、その児童を学校に送つて教育を施して居るのである。この共通的に教育を施すと云《い》ふことは、学校の性質に於て第一に認めなければならぬ所の事柄である。何故《なにゆえ》にかくの如く個人の教育よりして学校の教育に移つてきたのであるか。ある場合に於ては経済上の関係より生じたものであると云ふことも出来る。例へば小学教育を義務として強制するに当つては、家庭に於て個人的の教育を施すと云ふことは事情が許さないことである。数多《あまた》の児童を集めて共通に教育するということはやむを得ないことである。〔中略〕学校教育すなわち団体の教育に於ては団体を本位とするが故に、十分に個人の特性に適応したる教育を施すことが出来ないと云ふ不利があるのである。（澤柳一九〇九＝一九六二、六四～六五頁。傍点は引用者）

引用冒頭の「近世の教育」というのは、ここではもちろん今日における歴史学上の時代区分としてのそれではなく、単純に「近時における教育」、したがって端的に近代教育のことなのであるが、澤柳はその本質を「団体本位」つまりは集団性を基礎とする教育として捉え、このように多人数を相手とする教育の方法を便宜上やむを得ないこととしながらも、しかしそれは「十分に個人の特性に適応したる教育を施すことが出来ない」という不都合をはらんでいるのだと述べているのである。

解説を兼ねて、いくつか歴史的な事実を補っておくことにしよう。

ここで澤柳の言う通り、洋の東西を問わず近代以前の教育関係において「教える」という営みは、基本的にはもともと個別的に行われるものであった。たとえば江戸時代において庶民の子弟に対して読み書き（手習い）を教えた寺子屋（手習所）では、そこで学ぶ子供たちは、各々の習熟の進度にあわせて師匠から与えられた手本に従い、それぞれが天神机と呼ばれる一人用の簡易な文机《ふみづくえ》に向かって稽古に取り組んだ。そして子供たちは自分の書き物を代わる代わる師匠のもとに持ち寄って、順送りに書字の手ほどきを受けていたのである。ここでは、各人がそれぞれに筆記の練習に取り組んでいたのであって、そして実際に師匠から手ほどきを受ける場面はあくまで一対一関係ということになる（図1－1）。これは西洋でも事情は同じで、一人の子供が教師から教えを受けている間、他の子供たちは自分の順番が来るまで待っていなければならないというのが近代以前の教授方法のいわば普通の姿だった。

図1－1　寺子屋の指導場面（唐澤富太郎『教育博物館』1977年より）

図1－2　モニトリアルシステム（Lancaster "The British System Of Education" 1810年より）

しかしヨーロッパにおいて国民皆就学を旨とする公教育制度の構築へと向かう過程で、多人数の生徒を相手に効率的な教え込みを行うためのシステマティックな教育方法の開発が模索されていく。その経過をイギリスの大衆学校に即して概観すると、その最初のステップとなったのは、産業革命期におけるモニトリアルシステム（助教法）の登場であった。

これは、教師がまず多人数の中から選び出された特定の生徒たちに授業内容を教授し、次にモニター（助教）と呼ばれたこの生徒たちが、たとえば一〇名ほどの生徒のグループを相手に、こんどは自分が習った内容を教え伝えるというしくみである。こうしたやり方でもって、一人の教師から一時に多人数の生徒への知識の伝達が原理的に可能となる。一九世紀初頭にアンドリュー・ベルとジョセフ・ランカスターという二人の人物によって別々に発明され、それぞれ国教派と非国教派の運営組織による対抗関係をも背景としながら、産業革命下の労働者階級の子弟向けの基礎教育の手法として大きく普及した（図1－2）。

まったく別の人物によってほぼ同じタイミングで同じようなものが発明されるというのは一見

したところ奇妙な偶然だが、たとえばグラハム・ベルやトーマス・エジソンらが電話機の開発を競い合った歴史が示しているように、現実には技術革新の場面においてそういう事態は少なからず起こっている。つまり、社会的にそういう発明が必要とされる状況にあったというわけで、したがって、おそらくはそれほどに奇跡的な歴史上の偶然というわけでもなかったはずである。極論を述べるなら、近代的な公教育制度が成立するためには、ここで一斉教授法は「発明されなければならなかった」のである。

ただしこのモニトリアルシステムは、同時に多人数への知識伝達を可能とする、以前よりも効率的な大量生産方式ではあっても、必ずしもその後の一斉教授方式とまったく同じものであったとは言いがたい。というのも、モニターたちによってなされる各グループ内での実際の指導場面そのものは、じつは相変わらずの個別指導形式には違いなかったからである。

しかしやがて、安価ではあっても結局は生徒相互の教え合いに過ぎないこのシステムの教育水準の低さが疑問視されるようになり、それに代わって教師による直接教授の方式が選ばれるようになっていく。したがって一人の教師が、一定数の生徒集団に対して、同一の教育内容を同一時間で教えるという今日的な意味での一斉教授方式が成立したのは、この局面以降のことということになる。かくして一八三〇年代以降、新たにサミュエル・ウィルダースピンやデーヴィッド・ストウによって実践された最初期の一斉教授方式はギャラリー授業と呼ばれているが、これは階段座席に就いた多人数の生徒全員を前に、教師が直接対面して授業を行うというものであった（図1－3）。

図1－3　ギャラリー授業（Wilderspin "A System for the Education of the Young" 1840年より）

もっともハミルトンの研究によると、現実の歴史過程は、同じ教室内で一斉教授と個別指導とがしばらくは共存するようなかたちで推移したらしいが、ともあれ最終的に一斉教授方式の成立へと向かう一連の経過は次のように総括されている。「実際のところは、教師、教室、クラスが三位一体の関係に入り始めるのは一八六〇年代から一八七〇年代になってからであった。同様に、一八七〇年代になってはじめて「クラス教授」は二〇世紀的意味合いを帯び始めてくる」（Hamilton 訳書一九九八、一六頁）。

そして日本ではまさに同じ頃、一八七二（明治五）年に「学制」が発布され、西洋に倣った近代公教育制度の整備が始まっている。一斉教授方式はこうして極東の島国へと渡って来たのだった。

集団的効率と個人的疎外

ところでこの一斉教授方式、すなわち澤柳のいう「団体本位の教育」の最大のメリットは、その効率性にあったことは言うまでもない。近代国家は国民のナショナルアイデンティティの形成を重要基盤としており、そして公教育制度の立ち上げは近代国家の建設のための重要なステップのひとつにほかならないが、すべての国民に基礎教育を供給していかなければならないというこの壮大なプロジェクトにおいて、一対一での対面状況をベースとするような旧式の教授方法はもちろんありえない。一人の教師が一時に多人数の生徒に教えるという一斉教授方式の採用こそは、近代的な学校システムが成立するためのいわば不可避の前提だったとも言える。

しかしその反面、このように集団性を優先する空間は、そこに収容された生徒たちの個人性への目配りが不足してしまうという固有の難点をはらんだセッティングでもあった。澤柳が言う通り、「団体を本位とするが故に、十分に個人の特性に適応したる教育を施すことが出来ないと云ふ不利」が生じるのである。

このように近代の学校教育システムにおいて集団性と個人性とは、もともと原理的には両立しがたいバーター的な関係にあったと言える。その意味で、教育領域において「個性」というテーマが浮上したことは、近代学校教育システムにはらまれた固有のアポリア（難問）によって導かれた論理的帰結だったとも言えるだろう。

もっとも、ここで一斉教授＝団体本位の教育の採用が、それ自体でただちに個人性の閑却を意味するものではなかったことも忘れられてはならない。「学制」以降の学校教育の実態史に即して、このあたりのやや込み入った経過についても確認しておくことにしよう。

近代日本における公教育制度の立ち上げに際して、初期段階の小学校では、年齢によって一律に上の学年に上がるという年齢主義ではなく、試験に合格してはじめて上級のクラスに進級できるという課程主義の進級制度が採用されていた。「等級制」と呼ばれるこのような進級システムのもとでは、理念的にはたしかに、学力的に均質な生徒集団に対して一斉授業が実施されるという状況が想定されていたと言える。しかしながら草創期における日本の小学校の現実はというと、そうした想定からはずいぶんと程遠い状況にあった。

たとえば一八八一年時点における公立小学校は、一学校あたりの児童数の中央値は三八・五四人で、在籍する教員数が三人以下の学校が全体中の七割以上を占めていた（国立教育研究所編一九七三〜七四、第四巻、一八七頁）。つまり出発したばかりの小学校はおおむね小規模で、実際に一等級一教師の授業が可能な状態にはなかったことになる。その当時それが可能だったのは、師範学校の附属小学校や都市部の大規模な学校に限られていたのである。こうした状況下において、等級制を維持することの困難や矛盾はかなり早い段階で明らかになっていた。

そもそも就学の実態からして当初はきわめてお粗末な水準にあったことも忘れてはならない。たとえば学制の発布から二〇年近くが経過した一八九〇年時点においてもなお、学齢児童（尋常小学校）の就学率は男子六五・一％、女子三一・一％、平均四八・九％という低水準である。義務就学を想定した小学校制度がひとまず立ち上がったとは言っても、それまで学校という存在とは無縁の生活世界で過ごしてきた世代の多くの親たちは、なかなか容易には我が子を学校に送り出そうとはしなかったのである。

しかし図1－4に見られる通り、一八九〇年代以降、それまでは停滞していた就学率の状況は急速に好転していくことになる。そして学事統計上就学率の男女平均値が九〇％を超えるのは、一九〇二（明治三五）年のことである。このように実際に学齢児童の皆就学が現実のものになってくると、効率的な学校運営を行っていくうえで、試験制度をふまえた厳格な課程主義にもとづく学級編成を維持することはいよいよ難しくなっていく。かくして一九〇〇（明治三三）年の法令改正によって従来の課程主義は緩和され、新たに年齢主義にもとづく「学年学級制」へと移行していくのである。

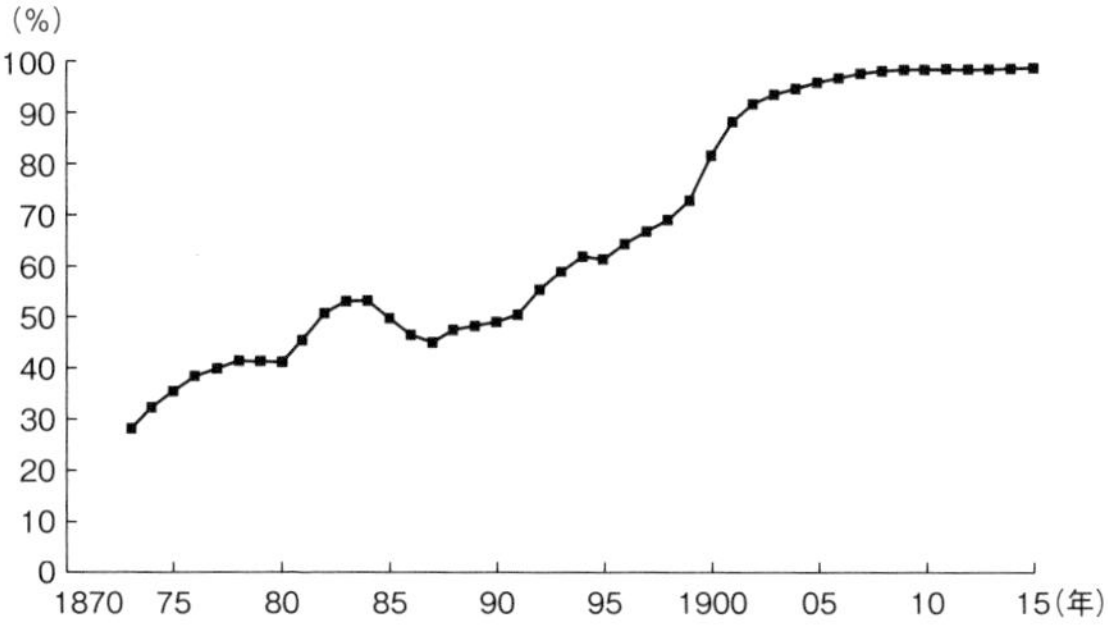

出典）文部省『文部省年報』より作成。
図1－4　尋常小学校の就学率の推移

さて、こうして登場することになった学年別学級は、年齢という規準にもとづく同質集団ではあっても、学力的に等質な集団でなかったことは言うまでもない。この局面において「個性」というテーマが浮上してくる時代的背景のひとつはまさしくこれである。当時の教師たちは、学力面だけでみても、当時の言葉でいうところの「優等児」から「低能児」まででも含んだ多様な生徒たちを、ひとかたまりの集団として扱わなければならなかった。あまつさえ当時の学級規模は今日よりもはるかに大きかったから、一斉教授方式という画一的な処遇のもとで、生徒一人ひとりの個人性がないがしろにされているという感覚は、現場の教師たちにとってはますますリアルな実感だったはずである。

ちなみに、元号が明治から大正に代わったばかりの一九一

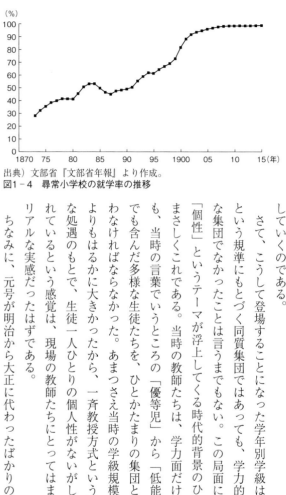

三（大正二）年における学齢児童の就学率は九八・二％である。つまりはこの頃ともなると、近代日本の国民皆就学制度はひとまず完成の域に達していたと言うことができる。そして前節において言及した通り、それに対応して同じ頃には教員社会もまた、職業集団としての成熟の段階を迎えていた。

このように考えてくると、一九一〇〜二〇年代にかけての「個性ブーム」には、近代日本の学校教育制度が一定の完成の域に到達したがゆえに生起した一種の反作用としての一面があったことが見えてくるはずである。

2　成城小学校とドルトン・プラン

澤柳政太郎

では、大正新教育における「個性教育」とは、具体的にいかなる取り組みであっただろうか。以下では、前節でも引用した澤柳政太郎（図1－5）と彼が創設した新学校・成城小学校の歩みに注目していくことにしたい。

もちろん大正新教育の範疇として含みうる教育実践のすそ野はたいへん広いので、ここで同校の事例だけでもって同時期の諸実践を代表させるわけにはいかないが、しかしそれは、この時期の「個性教育」の取り組みとしては、そのプロトタイプ（基本型）というべき位置づけにある最重要の事例であることはまちがいない。ここで素材として取り上げる資格は十分であるだろう。

そこでまず、あらためて澤柳のプロフィールについて確認しておくことにしよう。澤柳は一八六五（慶応元）年に現在の長野県松本市に生まれている。したがって明治日本において誕生したばかりの西洋近代型の公教育制度のもとで学んだ、まさに最初期の世代に相当することになる。さらに長野県松本市といえば、まさしく当時の教育先進地のひとつであり、近年（二〇一九年）、近代学校建築としては初めて国宝に指定された旧開智学校の擬洋風校舎が有名だが、澤柳も一時この学校に籍を置いていたらしい（ただし澤柳が通ったのは、くだんの擬洋風校舎の完成以前のことである）。

一八八八（明治二一）年に帝国大学文科大学を卒業後、文部省に入り、第二高等学校校長、第一高等学校校長などを歴任ののち、文部省普通学務局長を経て一九〇六（明治三九）年には文部次官に就任しているが、この間、文部官僚として第三次小学校令の制定や小学校教科書の国定化、義務教育六年制への移行準備など、日本の学校教育の整備期に関わる重要案件を数多く手がけている。文部省を退いて以降は、一九一一（明治四四）年に東北帝国大学初代総長として同大学の創設に当

図1－5　澤柳政太郎

たり、その際に初めて帝国大学への女子学生の入学を認めた出来事は、この人物の開明性を伝えるエピソードとしてよく知られているところである。

続いて一九一三（大正二）年には京都帝国大学総長に転じたが、翌年、教授陣との軋轢が生じた顚末の責任をとって辞任（いわゆる澤柳事件）し、その後、一九一五（大正四）年に全国規模の教師団体である帝国教育会の会長に就任するなどしている。著作も多いが、なかでも代表作と言える『実際的教育学』（一九〇九年）では、従来の教育学が学校教育の実際に即していないことを厳しく批判し、教育の事実を対象とした科学としての教育学の必要を説いたことで話題を集めた。前節で紹介した「団体本位の教育／個人本位の教育」をめぐる澤柳の文章は、この著書からの引用である。

以上に見てきた通り、行政官として、また教育家として、まさに近代日本の学校教育の歩みをそのまま体現するかのような生涯を送った人物なのであるが、この澤柳が晩年に取り組んだのが、新教育を標榜する私立学校の運営であった。一九一七（大正六）年に成城小学校を創設し、同校の校長に就任するのである。

成城小学校の創設

そのきっかけは、東京市牛込にあった成城学校からの中学校校長就任の懇請によるものであった。成城学校は、もともと陸軍軍人志望者のための予備教育機関として出発した私立学校であったが、この頃は衰微の極にあり、校勢挽回のための切り札として、教育界の有力者であった澤柳の学校経営手腕に期待を寄せたわけである。これに対して、中学校よりも小学校経営のほうに関心を抱いていた澤柳は、要請受諾の条件として学校内に新たに小学校を設置する提案をもちかけ、それが実現した結果がこの顚末であった。

高等学校校長や帝国大学総長を歴任してきた澤柳が最後に小学校教育にたどり着いたというのは、澤柳がそれほどまでに初等教育の重要性を深く認識していたからにほかならないが、しかしその目的は、決してただ単独に「理想の私立学校」の建設を目指したものではなかったことは重要である（新田二〇〇六、一九二頁）。澤柳の念頭にあったのは、前述の「実際的教育学」の構想を実行に移すための研究の場の確保だったことは明白で、たしかに公立学校に比べて法令上の縛りの小さい私立学校であればこそ、実験的な教育手法の取り組みの自由度が期待できた。澤柳自身、「どうか小学校教育を弥《いや》が上にも良くしたい。権威ある研究の業績をも挙げたいとの念願から成城小学校を設立するに至りました。〔中略〕成城小学校は研究の為の実験学校として生れたのであります」（澤柳編一九二七、一頁）と述べており、これらをふまえて水内宏は、「究極の目的はあくまでも初等教育全体の根本的改造に置」かれていたのだとしている（水内一九六七、一〇頁）。行政官と教育家という二つの顔は、たしかに澤柳の中で首尾一貫していたことになる。

さて、この学校の開校に際しては、「私立成城小学校創設趣意」として以下の四項目が掲げられていた。

一、個性尊重の教育　附、能率の高い教育

二、自然と親しむ教育　附、剛健不撓の意志の教育
三、心情の教育　附、鑑賞の教育
四、科学的研究を基とする教育

『成城学園六十年』によると、この創設趣意書は当時の学校幹部と澤柳の三人で起草されたという（成城学園編一九七七、一二頁）。最後の「科学的研究を基とする教育」なぞは、まさしく実験学校としての存在意義を高らかに言明したものと言えるだろうが、本書の関心から注目されるのはもちろん、第一番目の項目である。同校はこのように「個性尊重の教育」を明確に創学の理念のひとつに掲げて、その歩みを出発させたのであった。

しかしながら、ここでそれ以上に注目すべきポイントは、そのうしろに「附《つけたり》」として添えられている「能率の高い教育」という文言のほうであるように思われる。「個性尊重の教育」と「能率の高い教育」とは、今日の一般的な感覚からするなら意外な取り合わせというべきだろう。現在ならむしろ、両者は相反するものと考えられているはずで、「効率なぞにとらわれずに子供をのびのびと育てること」こそが「個性の尊重」と認識されているところではないだろうか。いったいいかなる理屈でもって、この両者がイコールで結びつくというのだろうか。

この第一番目の項目については、同趣意書内には次のような説明が添えられている。少々長くなるが、前半と後半とに分けて、その全文を引用しておくことにしたい。

個性発揮を重視すべしとの教育意見は屢々《しばしば》繰り返され、且《か》つ誰もが是認する所でありますが、今の如く一学級六十人七十人の大集団を一人の手にて教育してゐては、型にはめた均一教育に堕するのは当然の結果であります。無限に性質の差別あり、優劣の相違ある児童に全然一様の教育を施し同一の進度を強制するが如き事の背理なのは識者を待たずともわかる事です。勿論《もちろん》集団教育、均一教育にも幾多の特長はあります。事柄と場合によつては是でなくてはならん事も多いのであります。それ故に本校は両者の特長を併せ取つて両者の矛盾を調和し得る道を工夫することに努力する積《つも》りであります。それがために第一に学級の児童数を一定度に減少して、即《すなわ》ち先《ま》づ三十人を限度として一学級を編制し、尚、経験研究により、必要を認むれば更に一学級の人員を減少する積りであります。（成城学園編一九七七、一四～一五頁）

前節で引用した、澤柳当人による約一〇年前の主張から変わることなく、この文章には「集団教育」にはらまれた固有の難点についての指摘が繰り返されていることが確認できる。そして示されているのは、まずもって学級規模を縮小させるという施策であった。当時のスタンダードである一学級あたり六〇～七〇人規模では「型にはめた均一教育に堕するのは当然の結果」であるとし、これから新たに創設する小学校ではまず三〇人以下の編制に、また今後の研究しだいでは必要に応じてさらに減少させるというのである。

そしてそのうえで、続く後半部分で語られているのが、「個人の性情能力に適合した教育」である。ここでいよいよ「能率」についての独自の考え方が示されていく。

斯《か》くして各児童天賦の能力を夫《そ》れ〳〵遺憾なく発揮せしむる事については本校の最も意を用ゐんとする所であります。思ふに真の教育は個々具体の人を対象とすべきものでありませう。換言しますれば此の国の此の地方の此の家の此の子と云《い》ふ目前の生きた児童を対象として其《そ》の個人の性情能力に適合した教育をせねばなりません。然《しか》るに従来の教育に於ては（今仮りに例を知識的方面にとつて云へば）児童の知識の範囲程度を平均した所に限定して了《しま》つて、一学期に数は何々まで、文字は何十字までなどときめてゐます。殊《こと》に可笑《おか》しいのは初学年生をば知的には幾《ほと》んど白紙と見倣して、歯痒い程まだるい教授をやつてゐる事です。今、東京の中流以上の家庭に育つた新入学生で、月刊の絵入雑誌を見てゐない者は恐くありますまい。此の種の事実をまるで無視して教師も児童もどの位むだな骨折《ほねおり》をしてゐるかわかりません。煩瑣な教授法や教授細目の形式に拘泥して最小限の分量の知識をくど〳〵と捏《こ》ね廻《まわ》して低能児にでも教へてゐるやうなのを見る毎《ごと》に、もつと直裁簡明に教へ、能力に応じて学課の進行を捗《はかど》らせ、余裕があつたら教科書以外のものを教へて今より一層能率の高い教育をしたいものと思ひます。さればと云つて注入教育詰込教育は申すまでもなく私共の極力斥《しりぞ》ける所であります。之を要するに、教授の方法も教材の分量程度も固定した形式に囚《とら》はれずに、個々具体の生きた場合に適合した教育を施して、出来得る限り能率の高い結果を得るやうに努力する積《つも》りであります。（成城学園編一九七七、一五頁）

これまでの教育には、その一律性ゆえの「むだな骨折」が数多く含まれていたとし、それをいうならば個別適合型へと移行させることによって、効率的な教育を実現していこうというのである。カリキュラムの運用を柔軟に適用し、「能力に応じて学課の進行を捗らせ」るという方針が示され、「余裕があつたら教科書以外のものを教へて今より一層能率の高い教育をしたい」とも語られている。

ここで興味深いのは、澤柳が集団教育を能率の低い教育方法と見ていることである。前述の通り、歴史的な観点からするならば、本来は一斉教授方式にもとづく集団教育の発明こそは、その一斉性ゆえにかつてない効率的な教え込みを可能たらしめた画期的な技術革新だったはずである。しかし、この段階に至っては、効率性に対する考え方が大きく反転してしまっていることがわかる。近代学校がその基調としてきた集団性は、いまや能率を阻害する要因として疑いの目を向けられるものとなっていた。そして「個性尊重の教育」を追究することは、「能率の高い教育」の実現と同義となっていたのである。

ドルトン・プランとは

では、成城小学校における「個性尊重の教育」は具体的にその後どのように展開したのか。いま確認した通り、創設時の趣意書の段階では具体策としていまだ学級規模の縮小を提示している程度にとどまっていたわけだが、よく知られている通りその後の成城小学校が向かったのは、アメリカの女流教育家ヘレン・パーカーストの創案によるドルトン・プランの採用だった。

「ドルトン・プラン」の名称は、パーカーストが最初にマサチューセッツ州ドルトンのハイスクールでこのプログラムを始めたことに由来する。それは一斉授業を行わず、児童たちが自分の進度にあわせて、個別に自学形式で学習に取り組むことを組織的に行わせるという教育方法であった。

児童らの主体的な学習活動を重視する自学主義という発想は、教師中心から児童中心への転換を掲げる新教育の潮流においては最も有力なコンセプトのひとつと言える。そしてこのように個別学習を組織化するという手法によって、一斉教授の形式主義から離脱し、児童一人ひとりの能力の開花へと結びつく効率的な教育が可能となるという想定がなされていた。また、個別性がその本質である以上は、最終的にはそれは時間割や学級編制という近代学校的な仕組みの解体をも指向する取り組みでもあった。それらこそはまさしく教授過程の一斉性に由来するセッティングにほかならないからである。その意味でこれは、近代学校システムの常識に挑戦する極めてラディカルな試みであったと言えるだろう。

成城小学校でのドルトン・プラン導入は、直接的には澤柳の欧米への教育視察旅行の所産であった。澤柳は文部省より「欧米諸国ニ於ケル教育行政並ニ教科書調査」を委嘱され、そこで澤柳を団長、小西重直（京都帝大教授、成城小学校顧問）らをメンバーとする五名の視察団が組織され、一九二一年三月より一一カ月にわたる外遊へと出発する。澤柳らはその外遊中にドルトン・プランの評判を聞きつけ、実際にニューヨークでパーカーストの主宰する私立小学校「児童大学（Children's University School）」を訪問して、女史の知遇を得るなどしている。そして澤柳らの帰国後に、成城小学校での本格的な研究導入が開始されたのであった。

　具体的にその内容はどのようなものであったのか。パーカーストによるオリジナルのものとは用語や手続きの細部が若干異なるが、ここでは成城小学校で実際に実施されたプログラムに即して概要確認していくことにしたい。同校の創立一〇年記念誌として刊行された『現代教育の警鐘』（澤柳編一九二七）内に紹介されている実践報告（「高学年学習案とその実際（ダ《（ママ）》ルトン案教育）」）から再構成してみると、その実際はおおよそ以下のようなものであった。

　まず教師の側からは、月ごとに綿密な検討のもとに計画された「指導案」が児童たちに示される。この指導案には、研究すべき題目とそれに要する想定時間数、教材ならびに学習に対する注意事項、参考資料等が含まれており、児童たちはこの指導案に従って、自分の能力を勘案しながら各自で学習計画を立て、それぞれ自分の「学習表」を作成する。「この予定プランの立て方の巧拙が、直ちに彼らの学習に影響する」（三三四頁）ものであるから、特に学習の初歩段階においては、作成作業にあたって教師による丁寧なサポートが重要なのだとされている。

　そして実際の学習の結果は、教師用と児童用それぞれに用意された二種類の「進度表」に記録していくことになる。この進度表は各自の学習プロセスの反省材料ともなるものであって、その内容もふまえながら次の段階の学習表の作成へと進むことになる。児童らの学習はこのサイクルを繰り返しながら進められていくのである。

　もっとも、同校でこのプログラムは全部の学年に適用されているのではなかった。適用対象は五〜六学年であり、したがって対象となるのは全体で一二〇名である。また全部の科目に適用されるわけでもなく、ここでその範囲とされているのは、国語（綴方）、数学、地理、国語、歴史、理科の六科目である。さらには進度の遅れている児童を集めて補習授業も行われていた。したがって現実には完全実施には程遠いが、ともあれこのプログラムには午前中の三時間が充てられている。それは時間割で区切られてはおらず、この時間内を各児童がどのように利用しようとも自由である。

そして全部で五人の教師がそれぞれの「研究室」に分かれて待機し、そこに児童たちが各自の計画に従ってばらばらにやって来て学習活動を行うのである。となると一研究室あたり平均すると二四名が収まることになるが、学習計画は児童によって様々であるから必ずしも均一の人数割になるとも限らない。したがって研究室ごとに備え付けの腰掛を三〇席までにしておいて、満席の場合は入場を制限することもあったらしい。満席の場合は、その日に学習計画を組んでいた児童は予定変更を余儀なくされることになるが、「大体人数は適当に按排される。普通二三人位の子供が予定を変更する位で不思議にあまり衝突しない」（三二七頁）のだという。

子供たちは、自分の研究題目に必要な道具、参考書を頼りに学習に取りかかり、そして教師は「暗示、刺激、批判、鑑賞の立場に立つて児童を指導する」（三二八頁）。また、「教師はあまり教へる立場に立つてはならない」ともされている。「自らの問題を自らの力で掘り探つていくところにこの学習案の価値がある」からである（三二九頁）。しかしまったく教師にも頼らず、友達にも相談せずにいる子供もいるらしく、その場合は特に教師の側から積極的にアプローチする必要もあるのだとしている。

自学主義とはいえ、教師はいったいどうやって数十人規模の児童を同時に指導できるのかという疑問も浮かんでくるが、この報告によると、この方法のもつメリットのひとつは協働学習にある。同じ題目に取り組む少人数のいくつかの「学習グループ」が自然に形成されることが想定されており、教師は結果的に、個人単位よりもこのグループに対して指導的な関与を行っていたようである。

ドルトン・プランの挫折

成城小学校におけるこのようなドルトン・プランの取り組みは、この当時、世間からは大いに注目された。このころ同校には参観希望者が絶え間なく来校したため、その対応のため学校運営に支障を来すようになり、最終的には関係者以外の参観を全面的に謝絶する決定をしなければならなくなるほどであった。同校の教師であった赤井米吉によるパーカーストの原典の翻訳・紹介も、こうした流れに大きく貢献したことはまちがいない。さらにはその翻訳書の印税をもとに、一九二四（大正一三）年にはパーカーストの日本への招聘も実現し、赤井らを通訳に全国を巡回する講演旅行も展開されている。こうしたメディアイベント的な取り組みもまた、社会的な関心をよりいっそう盛り上げる効果を持ったであろう。いずれの会場でも一行は盛況で迎えられたようである（成城学園編一九七七、六四〜八七頁）。

しかしながら、こうした熱狂はそう長くは続かなかった。ドルトン・プランの手法を実際に採用する動きは、一部を除いて他の学校にはほとんど広がらず、徐々に問題点の指摘もなされるようになっていく。そして成城小学校自体が、この実践の継続をついには断念してしまうのである。

吉良侑の研究によると、一九三三（昭和八）年に起こった成城事件の際に、同校におけるドルトン・プランの実践も終焉を迎えたようである（吉良一九八五、一〇三頁）。ここで成城事件については あまり詳しく触れることはしないが、要するに学内の内紛騒動である。そのころの成城学園は、すでに小学校以外に、それに接続する七年制高等学校や高等女学校を擁する一大学園にまで成長していたが、創立者であり学校長でもあった澤柳政太郎は在職のまま一九二七（昭和二）年に他界しており、澤柳後の学校のあり方をめぐって学内では内紛の種が生じつつあった。その最終的な帰結がこの騒動ということになる。この混乱の結果、当時の実質的なリーダーであった小原國芳は学園を追われている。

つまりドルトン・プランの幕引きの直接的なきっかけは学内の混乱によるものであったことになるが、より本質的な原因はやはり、この実践の方法そのものに内在していたとみるべきであろう。前出の吉良の研究をはじめ、ドルトン・プランの問題点は少なからぬ数の論者たちによってさまざまに分析されているが、ここでは、成城小学校に教師として当時在籍していた山下徳治による批判的回顧を参照しておくことにしたい。


児童達は今までとは勝手の違った新しい教育法に戸惑いしながらも、喜びと希望をもって自分で選択した研究室へ進度表を手にして入っていった。個性を学習によって掘り下げていくというのが本案の狙いどころであったから、児童達はその研究室で自学自習しなければならなかった。わからないところは参考書によるか、教師に質すかして解明しているように思われていた。果してそれは学習状態だけでなく、学習内容も従来より進歩したのであったか。しかし一、児童の自学、自習のために役立つような参考書は殆どなかったということ、二、従来の一斉教授における教師からまたは学友相互に受け合った指導を失った児童の大部分は茫然として、自分の力の範囲内で判断して仕事を片附けていったこと、三、教師は児童の雑多な質問に答える十分な準備と学識をもっていなかったため、問題の中心に触れた指導ができなかったことなどが原因して、児童の大多数の学力は一般に低下していった。この学力低下はその時々に締括《しめくく》りのために行われる一斉教授では、もはや救済し得なくなっていた。〔中略〕本案実施の結果として最も大きな障碍となったのは、児童が神経質に進度表における自分の進度を学校の進度との比較において競争し出したことである。これは学習内容の低下、すなわち自学、自習が研究を深く掘り下げてゆけなくなって、本案の狙いどころであった個性の発揮どころか、むしろその反対の方向を辿《たど》っていったことに原因して起こった現象である。この学力の低下が、つまり学習法を体得し得ないことから起こったように、自学自習法を真に体得し得ないで学力の低下を来した児童の興味はひたむきに進度表に向かっていったのである。これは実に児童としては自然な移行であった。しかしこの神経質な競争心は激しい排他的な個人主義思想を児童に植えつけ、いつも何かに追われているといった不安の気が、解放されたはずの児童の世紀へ暗い影を投じて行った。（山下一九三九＝一九七三、九七〜九八頁）

要するに、ドルトン・プランのもとで一斉教授を解体して児童の自学自習中心の教育法を行うためには、その前提条件として十分な量の参考書類を揃える必要があったし、児童たち自身の側にも主体的な学習をこなしていくための基礎的なスキルが必要であった。そして教師には、それに対応できるだけの高度な学識や特別な力量が必要であったが、そのいずれもが不足していたわけである。そしてその帰結が児童の学力低下であった。児童たちは、進度表に示された学習内容をただいち早く消化していくことだけに注力するような状況が生じていった。結論から言うと、ドルトン・プランの実践によって、所期の目標であった「能率の高い教育」は実現しないどころか、かえって「能率の悪い教育」になってしまったことになる。

付け加えるなら、ドルトン・プランはもともと、きわめて小規模の学校運営から出発した教育実践である。ドルトンのハイスクールへの着任よりもずっと以前ということになるが、パーカーストは自身が片田舎の単級小学校の教師を経験した際に、複数学年にまたがる児童らをまとめて教授しなければならなかった現実からこのプランを構想していった。したがって通常規模の学校での適合性はまだまだ未知数のところが少なくなかったと言える。もちろん成城小学校では、パーカーストの原典をただ忠実になぞるのではなく、現実に即した対応に努めたわけだが、結果からするとそれは首尾よくいかなかったことになる。

かくして、この取り組みの当事者でもあった山下の新教育に対する総括は辛辣である。同じ引用元の別の箇所には次のような記述も見える。

児童を解放して自由な地位に置いた場合、それで児童の個性的才能が何処《どこ》まで伸びるか分からない、あるいは天まで伸びるだろうと思うのは早計で、これらの結果は自由という名刀を使いこなす力が児童には未だ発達していなかったからかえって放縦となり怠惰者になった。あらゆる教育の基礎である three R. すなわち読み、書き、数える仕事さえできなくなってしまった。〔中略〕もちろん少数のいい学生となったものもいた。これは自由教育の結果ではなく、本人の家庭、本人の頭脳、本人の努力に帰しなくてはならない。私はこれらの事実を思い出すたびに深く反省させられるのであるが、教育が児童の生涯の幸福に対する最後的責任をもつ仕事であるならば、一体にこれらの結果に対しては誰が責任を負ったのかと。事実は学校でもなければ、無論《むろん》教師でもなく、児童自身とその家庭であった。こうした悲惨事が、皮肉なことには、児童の人格と個性の尊重観念に根ざした教育によって招来された。(山下一九三九＝一九七三、九四頁)

結果論とは言え、自分たちの実験の失敗に児童たちを付き合わせてしまったことへの慚愧の念が、重く伝わってくる文章である。

「個性教育」とは何だったのか

以上、成城小学校の取り組みを例に、大正新教育の「個性教育」の実践について概観してきた。

既述した通り、成城小学校の足跡だけで大正新教育の諸実践を集約できるわけではない。しかし、同時代のさまざまな取り組みの中でもそれが「個性教育」のプロトタイプ的な位置づけにあったことは確かで、その事例としての意味は重要である。

あらためてまとめると、この時期の成城小学校における「個性教育」の本質は、要するに個別学習という手法によって一人ひとりの児童に即した教育を提供しようとするものだった。ドルトン・プランの採用がそれであり、こうして個別性をつきつめた結果が、時間割も学級編制も廃した自学主義によるカリキュラム運営だった。「能率」についての独特の考え方にもとづき、一斉教授にはらまれた集団教育の難点の克服が図られたが、しかし成城小学校におけるこの取り組みは、最終的には成功せずに終わったのである。

もちろん、成城小学校だけで大正新教育を集約的に語ることができない以上、この事例からただちに「新教育の失敗」を結論づけることは慎まなければならないだろう。実際にそう明示しているかどうかはともかくとして、「新教育的」な方法的革新の模索は、その後も現在に至るまで、いろんな方面でなおも続けられているわけで、個別的にはそれなりの成果の蓄積も進んでいるとも言える。

ただ、既述の通り、成城小学校の創設者である澤柳政太郎自身はというと、決してただ単独に「理想の私立学校」の建設を望んだのではなく、小学校教育全体の改造を最終的な目標として描いていた。そういう観点から眺めてみると、成城小学校以後の成果はいずれも、それぞれの学校限りでの「個性教育」が実施されているにすぎない。その意味で、一般の小学校でも通用するような技術革新の取り組みは、いまだ実現していないとも言えるだろう。

さらにはここで、そもそも一般の小学校での汎用性のことを言うのなら、成城小学校における「個性」への向き合い方そのものの中に、最初から限界があったと言うべきであろう。成城小学校をはじめ新教育を標榜する諸学校の取り組みは、同時代の一般の公立小学校の教師たちからはどういう目で見られていただろうか。これほどに熱狂的な関心をもって受け止められていたからには、そこにはもちろん、期待や共感、羨望、憧憬といった感情が含まれていたことは確かであろう。しかしながら同時にまた、それを冷ややかに眺める視線がそこに同居していたとしても、まったく不自然なことではなかったはずである。ある小学校教師が語ったとされる下記の発言は、まさしくその一例である。

どうも僕らの学校では山奥の事であるから第一設備が成つて居ない。而《しか》しこれはまあ何とか間に合はせるとしても、困るのは学級人員の多い事だ。六十人をこえた学級が幾《いく》つもある。それを二つに分けて呉《く》れると、新カント派の哲学よりも大分《だいぶ》能率が上がるのだがね。それから飛び抜けて優秀児といふのは無いが、劣等児の方は飛び切り劣等なのが随分多いものだ、尤《もっと》もそれは僕の所に限つたわけでもないが。何しろこの学級といふのがどうにも厄介なもので迚《とて》もやり切れない。僕はつら〳〵思ふのだが、此頃《このごろ》東京あたりで成城とか児童の村とか言つて、僕らの学級の四分の一ばかりの児童で学級を拵《こしら》へて立派な教育が出来ると、頻《しき》りに吹聴して居るが、然《そ》ういふ連中に一週間程僕の学級を受持たして遣《や》つて見たいんだ。(井上一

九二四、三七頁）

これは同時代の数多くの一般の公立学校教師たちの心情を、おそらくは鋭く代弁した内容でもあっただろう。

既述の通り、成城小学校も含めて新教育を標榜した学校の多くは、私立小学校や師範学校附属小学校など、一般の公立小学校とはいくぶん毛色の異なる学校であった。この引用にある通り、「立派な教育」を実践するうえで、おおむね有利な条件に置かれていたことは言うまでもない。少人数での学級運営などは、一般の公立学校ではなかなか望みえないセッティングであったろう。

しかしながら、それ以上に重要なのは、在籍する児童の質の違いのほうであるだろう。これらの学校は、学区の子供たちが一律に集まってくる地域学校ではない。今日の教育史研究では、戦前期における学歴主義の拡大をもたらした社会的基盤として、当時急速に勃興しつつあった新中間層家庭の教育戦略を読み解く観点は半ば定説化しており、小針（二〇一五）もまた同じ観点から、成城小学校をはじめとする私立小学校の支持基盤が新中間層であったことを強調しているが、これらの学校は当時の感覚からするなら、単なる新中間層＝俸給生活者というよりも、端的に富裕層のための学校というほうがより実感に近かったようにも思われる。少なくとも我が子の教育に対して特別な関心を持つ家庭出身の児童だけが集まる学校だったことはまちがいない。

澤柳はもともと、公立学校に比べて実験的な取り組みを試みるうえでの制約の小さい私立学校のメリットを利用したはずだったが、しかし私立学校である以上は、公立学校のような地域学校としてのセッティングは初めから失われていたと言える。その意味では「個性教育」と言いつつ、もともとずいぶんとバイアスのかかった「個性」にしか、向き合っていなかったことになる。

では同じ頃、「劣等児」も含む多様な児童を受け入れていた一般の公立小学校では、いったいどのように「個性」と向き合っていただろうか。次の章でみていくことにしたい。

第2章

個人性を可視化する——「個性調査」の地平

1 「個性尊重」訓令

教育政策への「個性」の取り込み

大正新教育はいわば草の根の教育運動である。それはもっぱら、教育政策や教育行政からは切り離されたところで、現場の教師たちや民間の教育家たちによる自発的な取り組みとして展開された。「自由教育」と別称されることからも示される通り、自由主義的な傾向をはらんでいることが特色であるため、立場的にもそれは中央行政側の統制主義とは根本的に相容れがたいのである。

したがって文部省は、新教育の諸動向に対して当初は一貫して傍観者的な態度で臨んでいる。つまり法令に抵触しないかぎり「黙認する」というのがその基本的な姿勢であった（国立教育研究所編一九七三〜七四、第一巻、三二六頁）。と言っても、最終的にはそれも弾圧的な態度へと転じて行くのであるが、しかしその文部省が、まさしく新教育のターミノロジーであったはずの「個性尊重」を真正面に掲げる政策を公表したのは一九二七（昭和二）年一一月のことであった。訓令二十号「児童生徒ノ個性尊重及職業指導ニ関スル件」（以下、「個性尊重」訓令と略記する）がそれであり、以下がその全文である。

学校ニ於テ児童生徒ノ心身ノ傾向等ニ稽《かんが》ヘテ適切ナル教育ヲ行ヒ更ニ学校卒業後ノ進路ニ関シ青少年ヲシテ其《そ》ノ性能ノ適スル所ニ向ハシムルハ時勢ノ進歩ト社会ノ推移トニ照シ洵《まこと》ニ喫緊ノ要務ニ属ス随《したがい》テ学校ニ在リテハ平素ヨリ児童生徒ノ個性ノ調査ヲ行ヒ其ノ環境ヲモ顧慮シテ実際ニ適切ナル教育ヲ施シ各人ノ長所ヲ発揮セシメ職業ノ選択等ニ関シ懇切周到ニ指導スルコトヲ要ス是ノ如クシテ国民精神ヲ啓培スルト共ニ職業ニ関スル理解ヲ得シメ勤労ヲ重ンスル習性ヲ養ヒ始メテ教育ノ本旨ヲ達成スルニ至ルモノナルヲ以テ自今《じこん》各学校ニ於テハ左ニ掲クル事項ニ就キ特ニ深ク意ヲ用フヘシ

一児童生徒ノ性行、智能、趣味、特長、学習情況、身体ノ情況、家庭其ノ他ノ環境等ヲ精密ニ調査シ教養指導上ノ重要ナル資料トナスコト

一個性ニ基キテ其ノ長所ヲ進メ卒業後ニ於ケル職業ノ選択又ハ上級学校ノ選択等ニ関シテ適当ナル指導ヲナスコト

一学校ハ前掲ノ教養指導等ニ関シ父兄及保護者トノ連絡提携ヲ密接ニスルコト

地方長官ハ克《よ》ク以上ノ旨趣ヲ体シ其ノ目的ノ達成ニ力《つと》メムコトヲ望ム（教育史編纂会編一九三八～三九、第七巻、七七～七八頁）

これは一般には、学校教育における職業指導（進路指導）の導入の出発点となったことで知られる法令である。そして今日的な視点からその歴史的な意味を読み込むとするなら、それは日本

の学校システムが多機能化していくプロセスの中のひとコマであったと言うことができる。

というのも、本来の教科教育以外の諸機能が数多く取り込まれていることが日本の学校教育の性格的特徴であり、たとえば学校内の掃除や給食、部活動など、学校生活に関わるさまざまな領域に教育的な意味合いが付与され、それに対する指導が学校内の「業務」として位置づけられてきた歴史があるのであるが、職業指導＝進路指導もまた、そうやって学校内に組み込まれていった副次的な機能のひとつと言えるからである。もちろん、キャリアガイダンスそのものは海外経由である。しかし日本では、そのルーツとなったアメリカのハイスクールのように、校内に専門のスタッフを配置するような形では展開せず、それはもっぱら教員が引き受けるべき業務として位置づけられていくのである。教員の多忙が社会問題化している今日において、その働き方改革が喫緊の課題とされているところであるが、この問題の根源のひとつには、このような歴史的な経緯が深く関わっている事実は銘記されるべきところであるだろう。

しかし、そのことはともかくとして、職業指導について規定したこの訓令をめぐって、いま本書の観点から興味深いのは、それがほかならぬ「個性」の名のもとに語られていることである。学校は平素から児童生徒の個性の調査を行い、各々の個性にもとづいた進路選択が行えるよう、適切な指導が求められている。同訓令は、のちの章で論及することになる一九八〇年代の臨教審答申と並んで、「個性尊重（ないし重視）」というレトリックが明確に教育政策の中に組み込まれた出来事として注目に値する存在と言えるのだが、では、いったいいかなる社会的文脈でもって、ここで職業指導の導入が「個性尊重」と結び付くことになったのだろうか。

背景としての入学難問題

この訓令が発せられることになった直接的な背景が、小学校から中等諸学校への接続の問題であったことは、よく知られているところである。すなわち大正期は、初等教育において国民皆就学をほぼ実現させた勢いそのままに、さらに中等教育機会が大きく拡張した時期であったが、そうした中で、尋常小学校を卒業後に中学校や高等女学校に進学する者たちの受験競争の厳しさが急速に社会問題となっていく。それが当時言われていたところの「入学難問題」である。少し前までは小学校の就学率さえ十分に満たすことの出来なかった日本の公教育制度は、いまや人材の選抜・配分機能を擁する一大機構へと成長していたのである。

新聞記事データベースでキーワード検索してみると、一九一〇年代半ばから二〇年代にかけて、この「入学難」がくりかえし話題にされていた様子が看取できる。「全国中等諸学校入学難は過去数年の間父兄及少年を悩まし、延《ひ》いては幾多《いくた》の悲劇を生み、之《これ》が解決は我邦現下の文化政策上一日も等閑に附《ふ》す可《べか》らざる重大問題である」（「中等学校入学難」『読売新聞』一九二二年二月一三日）などというわけである。

もっとも、ここで「入学難」の実態は必ずしも中等教育全体の入学定員の不足によるものではなく、特定の人気校への志願者の集中によるところが大きかった。武石典史によると、当時最も競争が厳しかったとされる東京府においても、その高い競争倍率は小学生の間に複数受験が一般化していたことによって押し上げられた数字であった。選り好みをしなければ大方の受験生はどこかの中等教育機関に合格できていたのである（武石二〇一二、二一八〜二一九頁）。しかしながら当人たちにしてみれば、もちろん、どこかの学校に収まるのならそれで良かろうというものではなかったわけで、少しでも威信の高い学校への入学資格の確保を競い合う椅子取りゲームはますます過熱化するばかりであった。

東京ではこの頃、多くの尋常小学校が放課後等を使って受験準備のための補習教育を行っており、受験実績のある有力小学校の中には、たとえば本郷区立誠之尋常小学校のように、越境入学者が数多く集中するという事態まで生じつつあった（木村一九九〇、一〇〇〜一〇一頁）。当時の新聞紙上には、「放課後迄《まで》も居残つて命をけづる入学準備——遊び盛りの少年少女が夜の眼も寝ずに疲れ切る」（『朝日新聞』一九二二年二月一八日）のような見出しが確認できる。このように行き過ぎた準備教育によって、小学校児童の心身の発達に悪影響が及ぶことを懸念する世論が急速に高まっていたのがこの頃の状況であった。

こうした事態に対処すべく、文部省は入試制度改革に着手する。そして打ち出されたのは、選抜方法としての筆記試験の全面廃止という思い切った対応であった。すなわち一九二七（昭和二）年一一月二二日付で中学校令施行規則の改正等とあわせて文部次官通牒「中等学校試験制度改正ニ関スル件」が発せられ、これによって中等学校における入学者選抜は、小学校作成による内申書を基礎とし、主として口頭試問による人物考査と、身体検査の三者によって行われるべきものとされたのである（国立教育研究所編一九七三〜七四、第五巻、一五六〜一五八頁）。

しかしながら、容易に想像がつく通り、この方法では客観的で公正な選抜を行うことはかなり難しい。結果から判断するかぎり、このやり方はやはり愚策だったわけで、教育現場には大きな混乱がもたらされたばかりで、決して受験競争の歯止めにはなり得なかった。最終的に文部省は当初の方針を転換せざるを得なくなり、一九二九（昭和四）年一一月の次官通牒「中等学校入学者選抜ニ関スル件」でもって、筆記試験の利用が再び認められることになるのである。

入試制度改革の顚末そのものはここでの直接の主題ではないのでこのくらいにしておくが、ここで重要なことは、くだんの「個性尊重」訓令がこの入試制度改革と一連の文脈のもとにあったという事実である。この訓令が発令されたのは、中等学校での試験廃止を規定した次官通牒のわずか三日後のことである。そこには「下級学校における適切な進路指導により児童の希望が特定の種類、特定の学校に集中することを防止しようとする意図があった」（天野一九九三、二四五頁）ことは明白であった。

実際、同訓令の発令に伴って公表された文部省による趣旨説明の中でも、これまでは十全な個性把握にもとづく進路指導が不足していたとしたうえで、「上級学校入学試験の幣の如きも此《こ》の点に就《つい》ての注意を閑却したことも確《たしか》に其《そ》の一因と思はれる」（社会教育研究会編一九二七、六〇頁）と述べられており、進路指導の学校への導入と入学難問題対策との関連はほとんど隠すことなく明言されていた。つまりは「身の丈に応じた進路選択を」というわけである。

いたずらに子弟の上級学校への進学を望む親のエゴイズムこそが無軌道な受験競争を昂進させている一因とされ、したがってあらかじめ個々人の「個性」を把握したうえで、それぞれにとって適正な進路へと正しく導くことこそが学校教育の果たすべき役割であるとの認識が、この訓令の背後にあったとみることができる。

以上のような社会的文脈のもとに引き出されたのが、くだんの「個性尊重」のレトリックなのであった。

「個性調査」

前述した通り、新教育をめぐる一連の動向に対して、文部省は当初は静観の構えをとっていたが、しかし、この頃にはすでに弾圧の態度が明確なものになりつつあった。たとえば長野県で、国定教科書ではない独自の教材を使用して修身科の授業を行った教員が問責され、休職処分とされたという川井訓導事件が起こったのは一九二四（大正一三）年九月のことである。行政当局による強硬的な態度への変化を象徴するこの事件を皮切りに、大正新教育の機運は一気に退潮へと向かうことになるのだが、そんなタイミングで当の文部省から「個性尊重」を謳った法令が示されているという事実はたいへん興味深い。ここには新教育的な感性だけが、政策当局によって都合よく利用されているかのような状況が看取できるからである。

ただし、この訓令が示すところの「個性尊重」は、決して単なるレトリック、つまり口先だけの次元にとどまるものではなかったことも急いで付け加えておかなければならない。訓令文の中でも注目されるのは、諸学校が職業指導に取り組んでいく際の具体的な資料とするべく、「児童生徒ノ個性ノ調査ヲ行」うことを求めていたことである。そしてその調査内容として「児童生徒ノ性行、智能、趣味、特長、学習情況、身体ノ情況、家庭其ノ他ノ環境等」といった具体的な項目までもが例示されていた。

これは当時、一般に「個性調査」と呼ばれていた実践である。今日的な感覚からするなら、ここで「個性」を「調査」するという語感からして、なかなかイメージのしにくいところであるだろう。より手っ取り早く、その具体例を挙げておくことにすると、たとえば東京市では、この訓令を受けて市内小学校共通の調査マニュアルを定めている。図2－1として挙げたのが、同市が高等小学校用として作成した「個性調査票」である（昭和四年の改訂版による）。

ここにみられる通り、調査票は、細分化された所定の項目ごとに各個人の履歴や特徴が書き込まれる形になっており、これを一覧することによって諸個人の特性把握が可能になるものとの想定がなされていることがわかる。このように「個性調査」とは、個人にまつわる項目別の特徴をひとつひとつ調べ上げ、それを表簿の上に集約させることによって、当該個人の総体を把握しようとする取り組みであった。

これは当時において、たとえば工場労働者（女工など）の人材管理や、少年保護事業における非行少年の研究手段として活用されていた事例も認められる。しかし、それが実施されていた主要舞台といえば圧倒的に学校教育分野であった。我々は前章において、大正新教育期の「新学校」における「個性教育」の取り組みについて概観してきたが、同時期の「個性尊重」をめぐる学校的実践としては、一般の公立小学校においてより広く取り組まれていたのは、じつはこの「個性調査」のほうである。以下では、この実践についてより詳しく検討していくことにしたい。

No.	1. 組	2. 組

個性調査票

擔任印	1	2	校長印	1	2

兒童及家庭環境			
兒童氏名		保護者氏名	
生年月日	大正　年　月　日	續柄・職業	（　　）
入學・轉入	昭和　年　月　日 入學・轉入	住所	
入學前經歷		家族	父 母 祖父 祖母 兄 弟 姉 妹 使用人 同居人
卒業・退學	昭和　年　月　日 卒業・退學		
退學ノ理由		家庭ノ狀況	
住所	------------------------		
		附近ノ狀況	
本籍		備考	

學業成績

學年＼教科	修身	國語 讀	國語 書	國語 綴	國語 平均	算術 筆	算術 珠	算術 平均	國史	地理	理科	圖畫	手工	唱歌	體操	實業 工	實業 商	家事	裁縫	英語	合計	平均	操行	席次	賞
尋六																								—	
第一學年 1																								—	
第一學年 2																								—	
第一學年 3																								—	
第一學年																								—	
第二學年 1																								—	
第二學年 2																								—	
第二學年 3																								—	
第二學年																								—	

兒童ノ特ニ好キ又ハ嫌ヒナ教科ニハ赤ニテ夫々○又ハ×ヲ附ス、合計ハ國語算術ノ各分科ヲ獨立科目ト見做シテ合計ス

出缺狀況

學年	第一學年												第二學年											
月別	4	5	6	7	9	10	11	12	1	2	3	合計	4	5	6	7	9	10	11	12	1	2	3	合計
出席																								
缺席 病																								
缺席 事																								
忌引停止																								
遲刻																								
早退																								

身體狀況

年齡＼項目	身長	體重	胸圍	概評	榮養	脊柱	視力屈折狀態	色神	眼疾	聽力	耳疾	齲齒	其ノ他疾病異狀	職業ニ對スル注意	既往症	吃音	種痘
歲	（　）	（　）	（　）				左 右					上 下				口臭 腋臭 左手利 兩手利 不具（　）	種痘經過
歲	（　）	（　）	（　）				左 右					上 下					第二期完了 年月日 第二期第一回 年月日 第一期完了 年月日
卒業前	（　）	（　）	（　）				左 右					上 下					

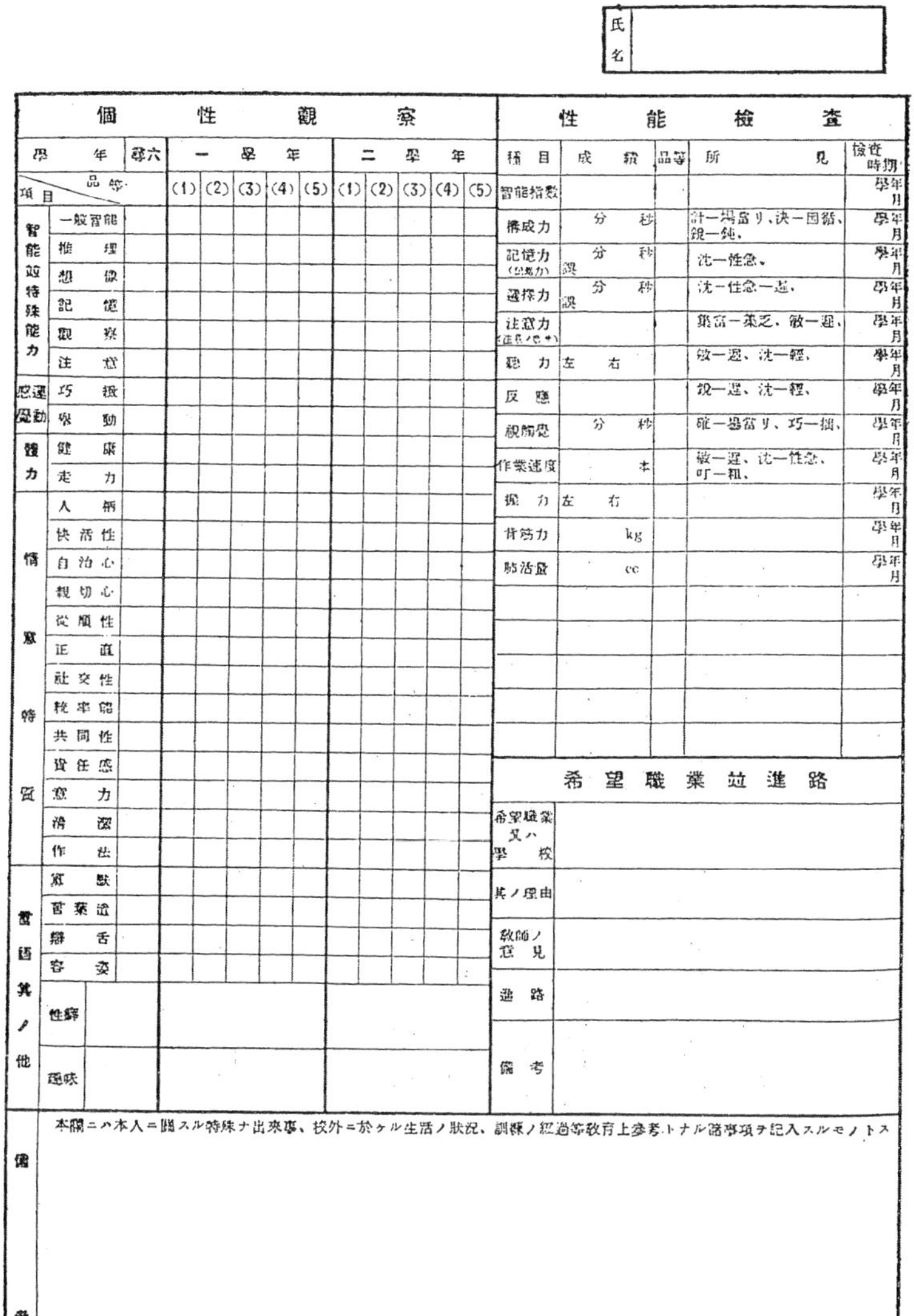

氏名	

個性觀察												
學年		尋六	一學年					二學年				
項目	品等		(1)	(2)	(3)	(4)	(5)	(1)	(2)	(3)	(4)	(5)
智能並特殊能力	一般智能											
	推理											
	想像											
	記憶											
	觀察											
	注意											
運動感覺	巧拙											
	衝動											
體力	健康											
	走力											
情意特質	人柄											
	快活性											
	自治心											
	親切心											
	從順性											
	正直											
	社交性											
	統率能											
	共同性											
	責任感											
	意力											
	清潔											
	作法											
言語其ノ他	寡默											
	言葉遣											
	辯舌											
	容姿											
	性癖											
	趣味											

性能檢査				
種目	成績	品等	所見	檢査時期
智能指數				學年 月
構成力	分 秒		計一周密リ、決一因循、鋭一鈍、	學年 月
記憶力（記銘力）	分 秒 誤		沈一性急、	學年 月
選擇力	分 秒 誤		沈一性急一速、	學年 月
注意力（注意ノ配分）			緻密一粗笨、敏一遅、	學年 月
聽力	左 右		敏一遅、沈一輕、	學年 月
反應			鋭一遅、沈一輕、	學年 月
視觸覺	分 秒		確一過密リ、巧一拙、	學年 月
作業速度	本		敏一遅、沈一性急、叮一粗、	學年 月
握力	左 右			學年 月
背筋力	kg			學年 月
肺活量	cc			學年 月

希望職業並進路	
希望職業又ハ學校	
其ノ理由	
教師ノ意見	
進路	
備考	

備考	本欄ニハ本人ニ關スル特殊ナ出來事、校外ニ於ケル生活ノ狀況、訓練ノ經過等教育上參考トナル諸事項ヲ記入スルモノトス

図2－1　東京市個性調査・調査票（『心理学研究』6（5）1931年より）

2　近代学校と〈表簿の実践〉

表簿を介しての個人把握

ところで、ここでまず誤解の無いように申し添えておくが、「個性調査」は決して一九二七年の「個性尊重」訓令によって初めて登場したのではない。じつはそれ自体は、多くの学校で同訓令以前から個別に取り組まれていた実践であった。

初期には「個性観察」などとも表記されおり、たとえば一九〇九（明治四二）年に文部省によって表彰された優良小学校の施設状況を集めた『全国優良小学校実況』を紐解いてみると、この頃にはすでに「個性観察簿」「個性観察表」「個性録」等を設けている学校が存在していた事実が確認できる。そこに収録されたある小学校は、「児童ノ遺伝、天賦、境遇等其個性ヲ作ルベキ要素ヲ調査シテ参考ニ供」するため、就学時に父兄より児童についての基礎的な情報を収集してこの表簿を作成し、学年を上がるごとに「個性録ニヨリ漸次調査シテ教養上ノ意見ヲ加ヘ」て、これを教授上の指針としていると報告している（文部省一九〇九、一二三頁）。山根俊喜はこうした事実をふまえながら、「訓練・管理の評定と指導の必要から発展した「操行査定簿」の類が、この時期の個性尊重の主張を媒介に、教育全体の基礎資料を提供するものとして再編されるに至った」のが、これら個性観察・調査であったとしている（山根一九九五、二〇八頁）。

また、学校保存史料の調査をもふまえた有本真紀の整理によると、個性調査簿は「①一八八〇年代末に始まる人物品評表の類を前史とし、②一九〇〇年代から一九一〇年代に児童に関する情報を網羅する台帳として新たな形式に整備され、③さらに一九二七年の個性調査訓令を受けて再編されるという、二段階の変化を経ながら作成、記入されてきた」（有本二〇一五、八七頁）。すなわち「査定の資料」から「訓練上の資料」へと変質したのちに、くだんの「個性調査」訓令によって、最終的に政策上の動向へと接続していったとしている。

ともあれそれは、その当時、一般の小学校で広く取り組まれていた個性把握のための実践であった。ここで、前章で概観してきたような成城小学校をはじめとする新学校や一部の師範学校附属小学校における新教育の実験的な取り組みと、このような一般の公立小学校における「個性観察」ないし「個性調査」という取り組みとを、対比的に捉える観点はおそらく有効であるように思われる。つまり前者の取り組みが、しばしば既存の学校システムの本格的な変革の可能性をはらんだラディカルさを備えていたのと比べると、もっぱら「個性の把握」という次元にのみ照準する後者の取り組みは、それよりもずっと穏健で、既存の学校的秩序とも矛盾せずにコミットできる教育実践であったように映る。それが一般の公立小学校で対応可能な「個性教育」の臨界点だったとも言えるだろうし、また、だからこそ文部省のもとでの行政的施策と整合的だったとも言えるだろう。

では、具体的にいかなる意味でそうだと言えるのか。ここで注目しておきたいのは、それが日常的な学校的実践の延長線上に位置づく取り組みであったことである。すなわち「個性調査」とはまず何よりも、学校の内部過程における〈表簿の実践〉の進化のプロセスの中に位置づけ得る存在であった。以下そのことについて、いくつかの論点を提示していくことにしたい。

フーコーの試験論

近代教育のアポリアを一斉教授の集団性に由来するものとして捉える観点については、前章において示してきたところであるが、しかし、制度として立ち上がって以降の学校教育は、いわばシステム内的な自己調整的機能として、他方ではこのような難点を補うための方策を少しずつ進化させてきたことも確かであった。その役割を果たしたのが、ここでいう〈表簿の実践〉である。つまり近代の学校は、児童生徒の個人性を表簿の上に記録し、それを参照するという行為を通して、リアルな教室の場面では対応しきれない彼ら一人ひとりの個人性を捕捉するための、いわばもうひとつの仮想スペースを作り上げてきたのである。

このような〈表簿の実践〉の文明論的な意味について考えるうえで、ここで参照しておきたいのはミシェル・フーコーの所論である。知られるように、かつてフーコーがその著書『監獄の誕生』（Foucault 1975）の中で指摘していたのは、学校もまたその重要な一部であるところの近代的な規律・訓練的装置の中に見出すことのできる、まさしくこのような可視性の原理の存在であった。

すなわちフーコーによると、規律・訓練的な空間の内部における服従強制は、その働きかけの対象を明るみの中に引き出すことによってこそ保たれるのであり、したがってそこでは各々の個人性を追究する実践が展開されるようになる。かつてならば記述に値するほどの対象として歴史にその足跡を残すなどという事態は、ある種の特権に属する事柄であったわけであるが、いまや英雄や王ならぬ普通の人々の個人性こそが「事例」としての重要性を帯びた対象物として浮上するのである。中でも、そのような記述の積極的な対象として位置づけられていくことになるのが、子供や病人や狂人や受刑者たちである。フーコーは、このような「観る―観られる」という関係性のなかに服従強制のメカニズムを見出したのであるが、現実にそのような可視化の企てを可能にするための具体的な道具だてとして言及されていたのが、そうした観察の結果を書きとめる記録文書の役割の重要性であった。

そのような可視化の実践の中でも中心的な仕掛けであるという「試験」のメカニズムについて、フーコーは次のように述べている。

> 試験はまた個人性を記録文書の分野の対象にする。試験はその背後に、人々のさまざまな身体および日時の次元で組み立てられる、微細かつ精密な記録文庫《アルシーヴ》をそっくり残す。試験は個々人を、監視の分野の対象に加える一方では、書記行為《エクリチユール》の網目のなかで把えもするわけである。個々人をつかまえて定着させる分厚い記録文書のなかに入れるわけだ。試験のもろもろの方式にともなって直ちに現われたのが、集約的な帳簿記入および記録文書の照合にかんする或る体系である。《書記行為にふくまれる権力》が、規律・訓練の歯車装置における本

質的な一部品として組立てられる。（Foucault 訳書一九七七、一九二頁）

してみると「個性調査」こそは、まさしく「個人性を記録文書の分野の対象に」据える取り組みとして、このような対象把握のあり方を最も特徴的な形で示している実践にほかならないことになる。フーコーのいう《書記行為にふくまれる権力》という観点から、あらためて捉え返してみるべき素材と言えるだろう。

具体的にその実践の内容については追々みていくことにするが、その前にもうひとつ、同じ著書のなかでフーコーが、こうした権力性が発動していくうえでの「ささやかな技術」の重要性に言及していたことに特に注目しておきたい。

したがって、表記法や帳簿記入や書類の構成やページごとの段分けや図表化などのささやかな技術の決定的な重要性が生じ、それらの技術はわれわれに現に親しいのだが、その技術が、個人を対象とするもろもろの学問の、認識論上の封鎖解除を可能にしたのであった。（Foucault 訳書一九七七、一九三頁）

明治期以降の日本の学校経営の内部過程を探索してみると、帳簿記入の方式においてこのような「ささやかな技術」が徐々に洗練されていったプロセスは、たしかに確認できる。その一例としてここでは、小学校で活用されていた成績記入用の表簿形式の変容過程について見ていくこと

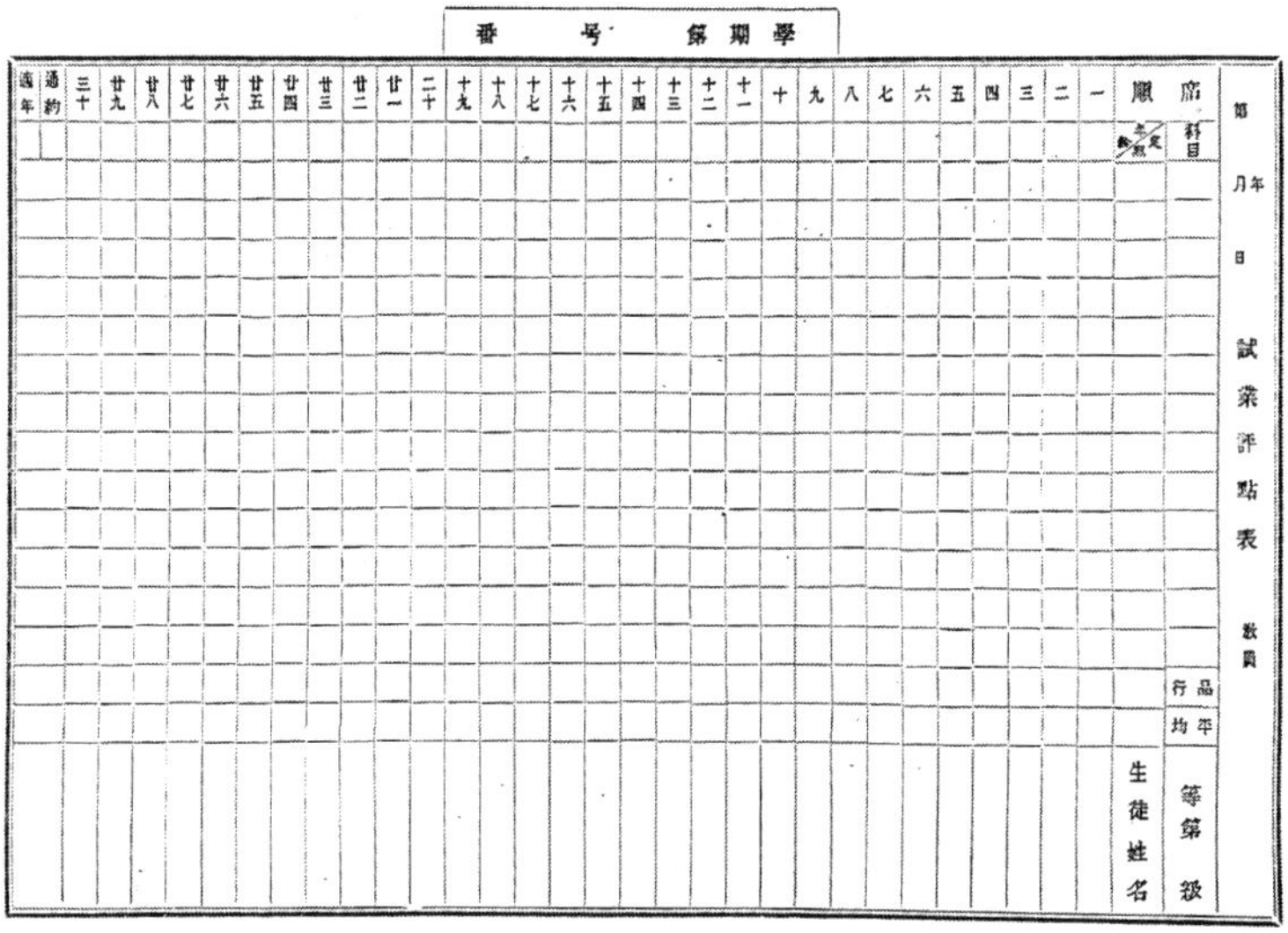

図2－2　1880年代の小学校試験成績表（太田保一郎『普通学校管理法』1882年より）

にしよう。

表簿の個人化

草創期の小学校では、年齢主義ではなく、試験に合格してはじめて上級クラスに進級できるという、等級制と呼ばれる課程主義の進級制度が採用されていた事実については、すでに第1章において言及した通りであるが、各府県によって定められた試験規則を見てみると、児童らの試験結果を表示する表簿のスタイルには一種の定型が存在していたことが確認できる。図2－2として示したものはその一例であるが、ここに見られるように、それは受験者めいめいの評点とともに、縦書きで彼らの氏名が成績順に並ぶという形式のものであった。この時期の小学校の試験の形態上の特徴の多くは、江戸期における藩校の試業のスタイルを踏襲したものと考えられるので（山本・今野一九七三）、この表簿形式もまた、おそらくはそうした系譜の中に位置づけられるものと推測される。

しかしながら、やがてこのような厳格な試験制度をふまえた課程主義が見直され、年齢主義による進級制度へと移行していく過程で、学校内ではより組織的・体系的な成績管理の手続きがとられるようになっていく。こうした推移は、当時の刊行書類の内容から確認可能である。明治期には「学校管理法」をタイトルに掲げる書籍が数多く刊行されており、これらは要するに学校経営のマニュアル書であるわけだが、そこには学校で必要とされる諸表簿の書式がしばしば雛形でもって示されていたから、これらを年代順にたどっていくことによって、学校の内部的慣行の大まかな変化を追跡していくことができるのである。

さて、このようにして学校空間における〈表簿の実践〉の展開を見て行くと、この間の変化の中でも特に注目に値するのは、一八九〇年代あたりから従来型の表簿に加えて、各人の一人につきひとつの面を構成するような様式の成績表が登場してくることである。いうならば表簿の「個人化」とでも呼ぶべき事態が進行していくのである（河野一九九五）。

ここでは、従来からの定型としてあったような、ひとつの面のなかに構成員の名前が列をなすタイプの表簿様式を「集合表」と名付けることにして、そして新しく登場した個人別の様式を「個表」と呼ぶことにしたい。図2－3のような組み合わせがその一例であるが、ここで集合表と個表とは、これを「読む」者に対してまったく異質なパースペクティブを提示するものであったことは、あらためて確認しておく意味があるだろう。さしあたって成績表としての用途に即し

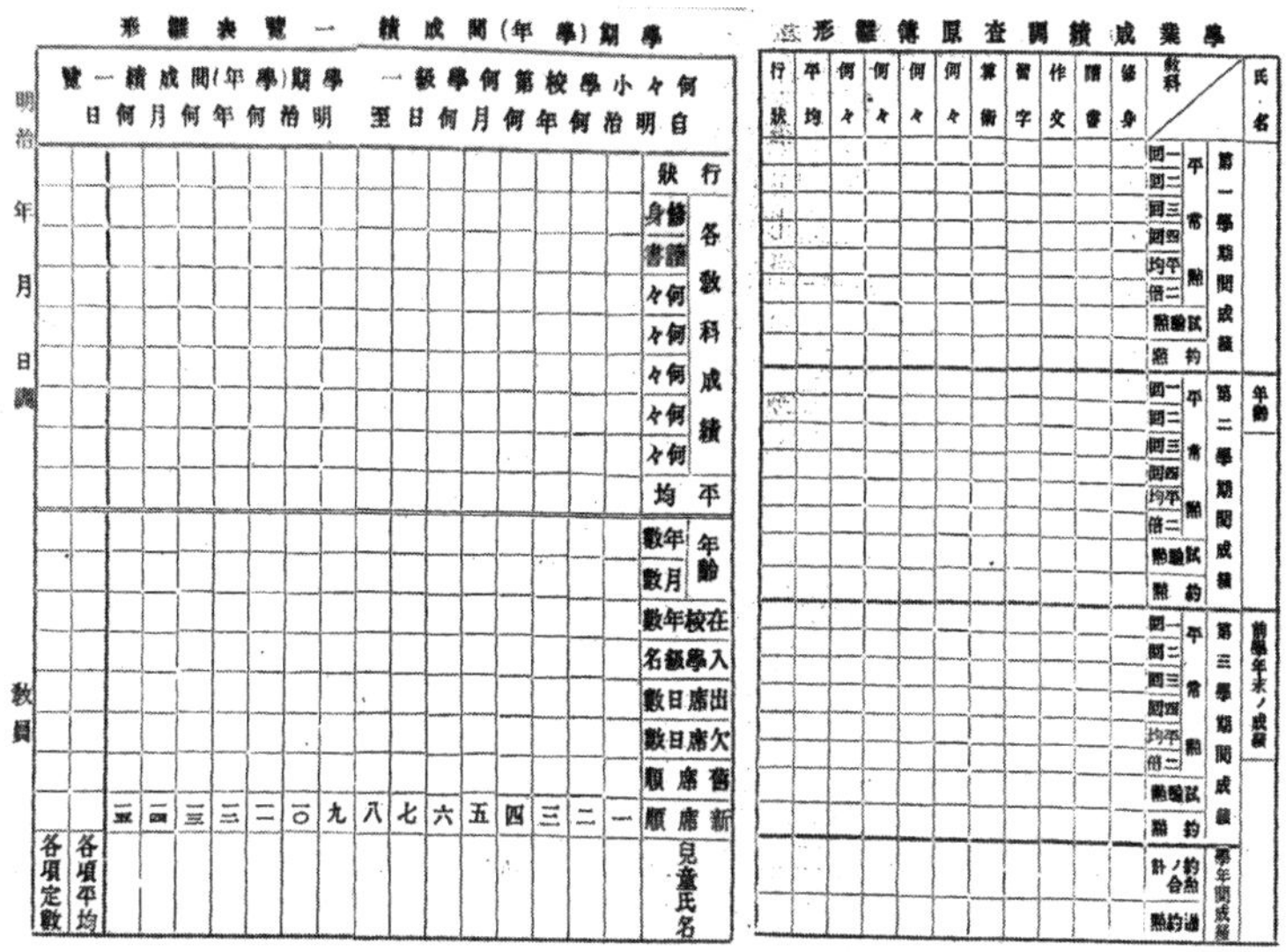

図2－3　1890年代の成績表—集合表と個表—（田中敬一編『学校管理法』1897年より）

て言うなら、前者はもっぱら個人間の評点の比較であったのに対して、後者は各個人ごとに時間軸に沿った成績の推移をたどっていくという評点の読み方を可能にするものであった。累加式のこの表簿のうえで、各児童の成績は、彼自身の過去との対照でもって一覧されることになるのである。

　具体的な用途の如何はともかくとして、表面的な変化が示すもの以上にこの事実のもつ意味はおそらく重要である。学校空間のなかに、まさにそうした記載内容の読み方を要請するような対象捕捉のあり方の必要性の認識が生まれてきたことを、この事実は物語っているはずだからである。生徒の一人ひとりを分析の対象として位置づけるような眼差しのあり方の、それは明確に技術形式的な表現であったと言うことができる。

カードという技法

ところで、ここで表簿の個人化と呼んだ事態は、ただ単純に視覚的な側面ばかりを意味するものではなかったことも同時に指摘しておかねばならない。ここで個人別の表簿＝「個表」はしばしば物理的な意味でも分離し、カード＝「個票」としての形態をも備えるようになっていくからである。

学校世界において、そうした展開が最もわかりやすい形で示されているのは学籍簿の沿革である。学籍簿とは今日の「指導要録」に相当し、在学者の学籍等を記録する目的で作成される表簿である。学校内での作成と管理は明確に法令によって根拠づけられており、在学中はもちろんのこと、卒業後も一定期間の保存が義務付けられている。つまりは「公簿」としての性格を与えられた、学校内でも最もフォーマルな表簿のひとつである。

法令のうえに初めてこの表簿についての規定が現れるのは、一八八一（明治一四）年の「学事表簿様式及取調心得」（文部省第一〇号達）においてのことであったが、このとき具体的な記入手続きとともに示されていたのは図2‐4のような集合表形式の表簿雛形であった。そしてこの法令は、五年後の一八八六（明治一九）年にいったん廃止され、その後しばらくのあいだ学籍簿等に関する規準は府県単位による規程にゆだねられていたが、一九〇〇（明治三三）年の第三次小学校令以降、ふたたび文部省によって統一的な基準が示されるようになる。すなわち、その雛形を定めたのは「小学校令施行規則」（文部省令第一四号）であり、図2－5として挙げたものがそれである。

以前の図2－4と比べてみると、家庭や入退学の記録ばかりでなく、学年ごとの学業成績や出席状況、身体発育の状況などが新たに盛り込まれており、記録内容の充実が見てとれるが、それよりも注目するべきはもちろん形式面での変化である。「集合表」から「個表」へという記載形式の変容が、ここにも確かに認められるのである。

しかしながら、ここで形式面での変化というのなら、新しく規定された表簿の、物理的な特徴こそがより注目に値する。というのも、これを解説した学校管理法書の中には、次のような説明を見出すことができるからである。

> 児童の学籍簿の編成は、小学校令施行規則第八十九条によりて、明らかに小学校長に命ぜられたることとなり。小学校長は入学の児童に異動を生じたるときは、遅滞なく之《これ》を加除訂正して永《なが》く之を保存すべし。其《そ》の退学したる者は一綴《ひとつづ》りとなして退学児童学籍簿となし、卒業したる者は卒業児童学籍簿中に綴り込むべし。随《したが》ひて一葉一名用となすを要し、又其の紙質強くしてよく保存にたへざるべからず。（樋口一九〇四、一七三頁。傍点は引用者）

ここで規定された新しい学籍簿の形式は「一葉一名用となすを要」する。つまりは物理的にも分離したものでなければならないというわけである。そしてその理由は、「加除訂正」の自由、

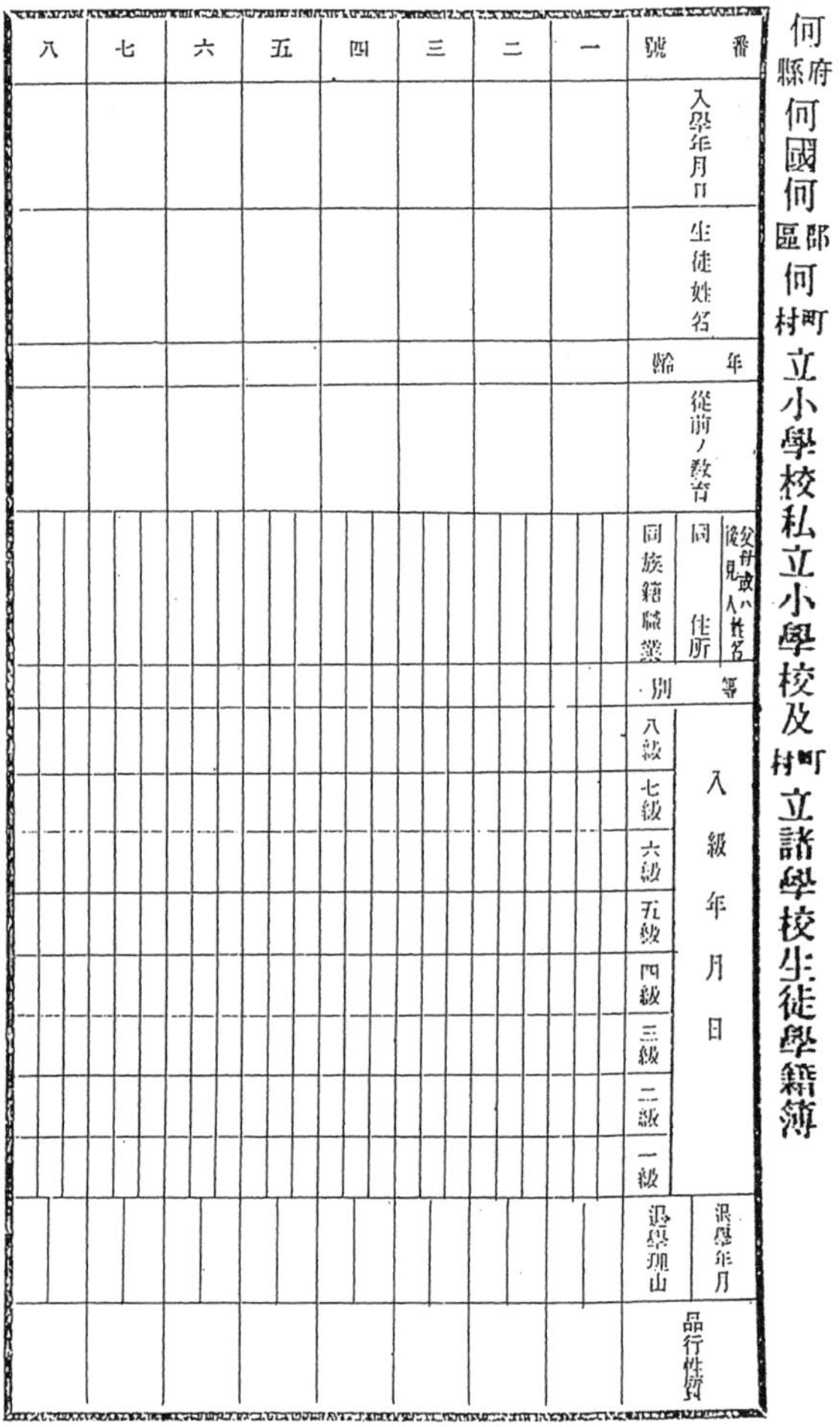
何府縣何國何郡區何町村立小學校私立小學校及町村立諸學校生徒學籍簿

番號
入學年月日
生徒姓名
年齡
從前ノ教育
父母或ハ後見人姓名
同住所
同族籍職業
等別
入級年月日
八級
七級
六級
五級
四級
三級
二級
一級
退學年月
退學理由
品行性質
一
二
三
四
五
六
七
八

図2－4　1881年学籍簿（文部省第10号達「学事表簿様式及取調心得」より）

氏名	生年月

住所	入學年月日	入學前ノ經歷	卒業年月日	退學年月日	退學ノ理由

保護者			
氏名	住所	職業	兒童トノ關係

	學年	第一學年	第二學年	第三學年	第四學年
學業成績	修身				
	國語				
	算術				
	體操				
	操行				
	終了ノ年月日				
在學中出席及缺席	出席日數				
	缺席日數 病氣				
	缺席日數 事故				
身體ノ狀況	身長				
	體重				
	胸圍 常時				
	胸圍 盈虛ノ差				
	脊柱				
	體格				
	眼疾				
	耳疾				
	齒牙				
	疾病				

備考

備考 學校醫ヲ置カサル學校ニ於テ身體ノ狀況ノ欄ハ之ヲ闕クコトヲ得

図2－5　1900年学籍簿（文部省令第14号「小学校令施行規則」より）

すなわちその自在な綴りかえの可能性によるものであった。引用中にあるように、個票形式によって管理される学籍簿の綴りは、状況に応じて、ひもといて最終的には卒業者／退学者の別に再構成されなければならないし、それ以外にももちろん、新たな転入者のぶんを挿入することも必要であるだろう。

付言しておくなら、分離可能なカード（ないしカード状の表簿）のもつこのような形態的特長は、とりわけ学籍簿という用途に対してこそ相応しいものであったにちがいない。というのも学籍簿は、各児童生徒が在学中のあいだ、時に応じて当該児童生徒の学業や出席等の記録を書き込んでいかねばならないという、累加記録としての性格を備えた表簿である。累加的な書き込みが必要である以上は、在学中の数年間にわたってこの表簿は、各人をいわば付いてまわる必要があるのであって、このように自在な綴りかえを可能とするカードの特性は、そのための事務処理上の利便に適合する。すなわち「一葉一名用」であればこそ、しばしばクラス替えを伴いつつ児童生徒が学年を昇るたびごとに、それぞれの学級ごとの出席番号順に学籍簿の綴りが再構成されるといった事務処理もまた可能になってくるのである。

もう少し広く一般化させて考えてみても、たしかにこの表簿形式は、まさに個人を対象とする記録文書の管理の方式として有効であったと言えるだろう。やや抽象化して言うならば、それは本来バラバラであるはずの個々の生徒たちを、表簿というメディアを通して、それぞれ個体としての資格のままに捕まえることを可能にするのである。

こうした展開はもちろん、何も学校教育分野に限らず、より広範に及ぶ文化史的な展開の一部であったろう。カードという記録文書の方式は、近代官僚制組織における文書主義の展開とともに多用されるようになった知の技術のひとつと言える。具体的な例としては、たとえば近代図書館におけるカード式目録の発達などを挙げることができるが、それよりもむしろ、とりわけ人間を対象とする記録管理のシステムのなかでそれが広範な適用をみたという事実のほうが興味深い。たとえば病院のシステムにおけるカルテによる病人の管理や、警察組織における前科犯罪者の記録手段としての活用がそうであるし、さらにはよりマイナーな事例としては、都市下層への適用の事実も挙げることができる。すなわち、今日の民生委員制度の前身である戦前の方面委員制度のもとでは、その対象である要保護世帯の生活状況は「方面カード」によって管理されていた。ちなみにその対象世帯は「カード階級」と呼ばれていたのだという（鈴木一九九八）。

佐藤健二は、「こうした分類技術が、いつの世界において発明され、この国にどう実現したのか。これはフーコー的な権力論の観点からしてほんとうは重要な問いの設定である」との問題提起を行っているが（佐藤一九八七、一四一頁）、学校領域に限るなら、その沿革はおよそ前述した通りということになる。そして「個性調査」こそは、このような〈表簿の実践〉の歴史の中でも、最も興味深い適用事例のひとつということになるだろう。

前出の図２－１として示した東京市制定の個性調査票について、その作成にも関わったある解説者は、次のようにこれを説明している。

調査票に依《よ》つて明かなる如く本票は、⑴児童の学籍並に家庭環境に関する部分、⑵学業成績に関する部分、(3)身体状況に関する部分、(4)出欠席に関する部分、(5)個性に関する部分、(6)卒業後の指導に関する部分、(7)其他《そのた》特殊の事項を記入すべき備考欄の七欄から成つてゐる。簡単ながら実際教育上必要な諸資料を網羅するものであつて、児童に関する一切の事項はこの一葉のカードに包括されてゐるわけである。かくする事に依り児童本人に関する各方面の事項を連関的に考察指導し得るの特質を持ち、尚《なお》教育の事務能率上帳簿保存上等の実際的利便も多いわけである。（山極一九三一、七八頁）

ここに物理的な意味でも「個人化」した表簿は、その一枚一枚があたかも当該人物の分身であるかのようにして、記録文書の体系のうちに収めこまれることになる。しかも個性調査票の場合、それが対象理解を目的とする個人情報の集積であったからには、なおさらそうであったというべきであろう。すなわち、リアルな教室空間とは異なる表簿のシステムという仮想空間において、リアルな個人とは別の仮想的な個人性が立ち上がることになるわけである。

モニトリアルシステムからギャラリー方式へといった一斉教授法の開発の経緯などと比べると、見かけ上の華々しさには欠けるが、初期の学校空間内部では、このような静かな技術革新が展開されていたのだった。教育実践上の取り組みは、こうしたメディア的な基盤の上で、少しずつ可能性の幅を広げて行ったのである。ちなみに前章で扱ったドルトン・プランにしても、教師用と児童用のそれぞれに用意された「進度表」の記録管理によって可能となるプログラムなのであって、その意味ではこれもまた実は〈表簿の実践〉としての一面を備えていたと言える。

ともあれ「個性調査」こそは、明治期以降の学校空間における〈表簿の実践〉の展開の、ある種の到達点に位置づけられる存在であったとみることができる。

3　分析の対象としての個人

心理測定技術との結合

「個性調査」とはこのように〈表簿の実践〉という側面においては、学校現場のいわば内発的な発展の系譜のうちに位置づけることのできる存在であったが、しかしその一方で、やがてもうひとつ、これとは別系統の特徴が付加されていった事実にも触れておかなければならないだろう。すなわち、この実践は徐々に、当時新しく立ち上がりつつあった知能検査をはじめとする心理学的な測定学の成果と結びついていくのである。

関連する史実として、ここで知能検査の誕生の経緯について素描しておくことにしたい。よく知られている通り、今日における知能検査の実用化の基礎を作ったのはフランスのアルフレッド・ビネである。通常の学校教育に付いて行くことの難しい、特殊教育を必要とする児童らを客観的に特定するための手段として、ビネが弟子のシモンと共同で開発した「ビネ－シモン式知能検査」を発表したのは一九〇五年のことであった。それは検査対象の児童に対して三〇項目にわたる質問を提示して、その質問への反応から当該児童の「精神年齢」を判定し、それと実年齢との乖離状況によって遅滞児を特定するという方法であった。また、この成果をふまえてドイツの心理学者ウィリアム・シュテルンは、精神年齢と実年齢の差ではなく、精神年齢を実年齢で除して一〇〇を乗じた値を使うことを提案し、これがのちに世間にも広く知られる「知能指数（IQ）」概念の原型となっていく。

こうして知能検査の開発の歴史はヨーロッパから始まったわけだが、しかしその社会的な浸透のプロセスにおいて決定的に重要だったのは、その後のアメリカでの展開である。というのも、前述の通りビネが先鞭をつけた初期の知能検査はもともと、知的レベルに難のある特殊な児童を判別するためのものであったのに対して、アメリカの心理学者たちはこれを限られた特殊な児童だけでなく、すべての学校生徒を対象とする測定技術へと大きく転回させることになったからである。

知能検査のアメリカへの移入に際しての最重要人物はルイス・ターマンである。当時スタンフォード大学教授であったターマンは、ビネの知能検査の改訂版を作成し、これを「スタンフォード゠ビネ・テスト」として発表した。ターマンが行ったこの改訂は、ビネ版知能検査のたんなる翻案ではない。開発段階において「標準化」と呼ばれる作業工程での技術的操作によって、サンプルの入念なデータ解析をもとに、各々の年齢で検査値の平均が一〇〇、標準偏差が一五となるようにあらかじめ設計されていた。つまり、ここに前出のシュテルンによる「知能指数（IQ）」概念の実用化が図られたわけである。こうして大衆調査用の筆記式テストの素地が作られたことになる。

そして戦争への関与が、アメリカにおける知能検査のさらなる飛躍のための大きな足掛かりとなっていく。すなわち、第一次世界大戦時にアメリカの参戦が確実になると、これをテスト開発のための絶好の機会として利用したのがロバート・ヤーキーズであった。ヤーキーズは、兵員の効果的な選別を行うという名目のもと、すべての新兵に対して知能検査を実施するという計画を立案し、これを軍に認めさせると、複数の心理学者からなる開発チームを編成して新しいタイプの知能検査の開発に取り組んでいく。こうして開発されたのが陸軍知能検査（言語式のアルファ検査と、英語を母語としない者向けの非言語式ベータ検査の二タイプがあった）であるが、その大きな特徴は、従来の知能検査が個人ごとに実施される「個別検査」であったこととは異なり、集団に対して一斉に実施することのできる「団体検査」であったことである。つまりは多人数を効率的に検査する方向への道筋が、こうして開かれることになる。

この戦時中の心理学者たちの活動によって、現実にどれほどの軍事的な貢献がなされたと言えるのかまったく未知数であったが、ともあれこのプロジェクトにおいては一七五万人もの新兵が検査を受けたと言われており、そこで収集された大量のデータは知能検査のその後の発展のための重要な基礎となるものであった。そしてその技術上の遺産は、すべての学校生徒を想定対象とする団体式の知能検査の利用拡大を準備することになるのである。

以上、さしあたって知能検査の開発に絞って、その発展の推移を概観してきたが、この時期のアメリカにおける測定学の成果はただ知能検査だけではない。知能検査をその典型として、「標準化」の手続きを経て作成されたテストは一般に「標準検査」と呼ばれているが、学力測定も含めて、この時期にはさまざまなタイプの標準検査の開発が大きく進展する。

チャップマンによると、アメリカでこのようにテスト科学が飛躍的な発展を遂げた社会的背景には、移民国家の現実があった。「一八九〇年から一九一七年にかけて合衆国の性格は、歴史上最も激しい移民たちによって一変」しつつあったのであり、その際、「大量の移民と人口の増大は、〔中略〕学校に直接的な影響を与えた」(Chapman 訳書一九九五、四八頁)。これまでにない多様な生徒たちを受け入れなければならなくなった学校現場では、彼らを「科学的に」選別するための測定手段が強く求められていたのである。

今日のアメリカはテスト大国である。もちろん、フランスのバカロレアやイギリスのGCSEなどを挙げるまでもなく、資格や選抜手段としての試験制度の存在そのものは、ヨーロッパ諸国をはじめ多くの国々に普遍的なものであるし、進学試験をめぐる競争ならばアジアの国々のほうがよほど熾烈であるだろう。しかし、SAT(大学進学適性試験)やTOEIC(国際コミュニケーション英語能力テスト)などのように、科学的なテスト理論のうえに標準化されたテストが、アメリカほど広く普及し、事業として展開されている国は他にない(文部科学省編二〇二一、Lemann 1999など)。そうした素地は、まさしくこの時代に形成されたのだった。

日本の心理学者たち

さて、このような欧米における教育測定研究の動向は、同時代の日本の心理学者たちによって、ほとんどリアルタイムというくらいの勢いで摂取されていく。一九二〇年代に相次いだ、その関連の著作物をいくつか列記すると、岡部弥太郎『教育的測定』（一九二三年）、田中寛一『教育的測定学』（一九二六年）、大伴茂『教育診断学』（一九二八年）などを挙げることができる。また一九二四年には淡路円次郎、青木誠四郎、岡部弥太郎らによってテスト研究会が組織され、機関誌『テスト研究』が発行されている。さらに、ビネの知能検査の国内での実用化に向けた研究も進められたほか、前述の「入学難」への対応として、中等学校の入学者選抜での知能検査の利用が模索されたりもしている。

そうした心理学者群像の中でも代表的な人物を挙げるとするなら、おそらく田中寛一ということになるだろう。田中は東京高等師範学校教授、東京文理科大学教授を歴任した人物で、戦後は民間の研究機関である田中教育研究所を主宰している。ビネの知能検査の日本での標準化を達成したひとりでもあり、前記の田中教育研究所を拠点として「田中・びねー式知能検査法」は戦後広く活用された。田中は実験心理学の手法を存分に駆使して、労働分野における能率研究から学校教育分野での教育測定研究、植民地政策のもとでの諸民族の比較研究など、さまざまな領域に足跡を残しているが（江口二〇一〇）、このようにして彼の手がけた数多くの仕事の中のひとつが、くだんの「個性調査」だった。というよりも田中こそはむしろ、「個性尊重」訓令（一九二七年）に積極的に関与した当事者の一人というほうが適当かもしれない。というのも、この訓令の同年に職業指導の普及を目的として大日本職業指導協会が発足した際に、この半官半民の組織の理事長に就任したのが田中その人だったからである。また、これに関連する著書として『個性調査と職業指導の原理』（一九三三年）も上梓している。

まさしくこの田中の足跡によって象徴されるように、もともとは学校内的な取り組みであった「個性調査」は、徐々に心理学者たちの参入の舞台ともなっていくのであり、その傾向はとりわけ「個性尊重」訓令以後に顕著であった。この時期、前記の田中寛一以外にも、少なからぬ数の心理学者たちが、個性調査法について論じ、また自前の実践案を提出するなどしている。かくして当該実践における「個性」把握の方法論は、学知を背景にした科学的装いを帯びていくことになるのである。

「個性」はいかに把握されたか

では、このような調査のまなざしのもとで、調査票の上にまとめられた一人ひとりの「個性」は実際にどのように読み込まれていったのだろうか。ここでは、前記のような仕方でこのテーマに関与した心理学者のひとりである大伴茂に注目することにし、その著書『個性調査と教育指導』（大伴一九二九）を取り上げることにしたい。

大伴は、東京高等師範学校を卒業ののちにシカゴ大学で学位を取得したという経歴の持ち主で、戦前は大阪で野村教育研究所を主宰して日本児童の知能測定の研究やテスト開発に従事し、戦後は関西学院大学教授を歴任している。心理学者のキャリアとしてはやや傍系に位置する人物ということになるだろうが、ここであえて大伴の著作に注目するのは、この時期に心理学者によって著された類書の中でも、それは最も学校現場の実用性に即した内容を備えたひとつであるように思われるからである。実際のところ同書は、大伴自身がのちに自らの経歴をふりかえった文章の中に「昭和八年十版を重ぬ」（大伴一九六二、五頁）と誇らしげに記しているところから判断しても、当時の学校現場からは相応に注目された著作であったと考えられる。以下、この著書の中で大伴によって示された調査法の概要について紹介していくことにしたい。

さて、この著書のなかで大伴の挙げる調査項目は、身体、知能、学業、情意、特殊能、就学状態、家庭状態の七つである。このそれぞれの大項目について、さらに細かく指定された小項目ごとに調査が行われ、そして用意された調査票の空欄が埋められていくことになる。

調査方法はできるかぎり客観的・科学的な方法がとられるべきであるというのが同書の基本的な考え方である。調査項目の中には、「やむを得ず」主観的・常識的な方法を採用せざるをえない部分もないわけではないが、その場合であってもできるかぎり条件を統制して科学的たらしめる工夫がほどこされていることが強調されている。それゆえ、ここに主要な方法の第一として挙げられているのが当人の言うところの「教育測定法」の適用であり、たとえば知能程度の測定には、自らの開発した「大伴式知能テスト」の利用が指定され、そのほかにも学業や情意、特殊能の測定において、標準化された様々なテストが利用されることになっている。また就学状態や家庭状態については、学籍簿や家庭調査録などの各種の記録簿からの転記が指示されている。かくして、収集されたデータが最終的に集約されたものが、図2－6に挙げる個性調査票である。

相対評価にもとづく標準化された評点の採用が前提されていることはもちろんだが、大伴の調査法デザインには、そうした学術的な部分にとどまらず、〈表簿の実践〉としての実用性への配

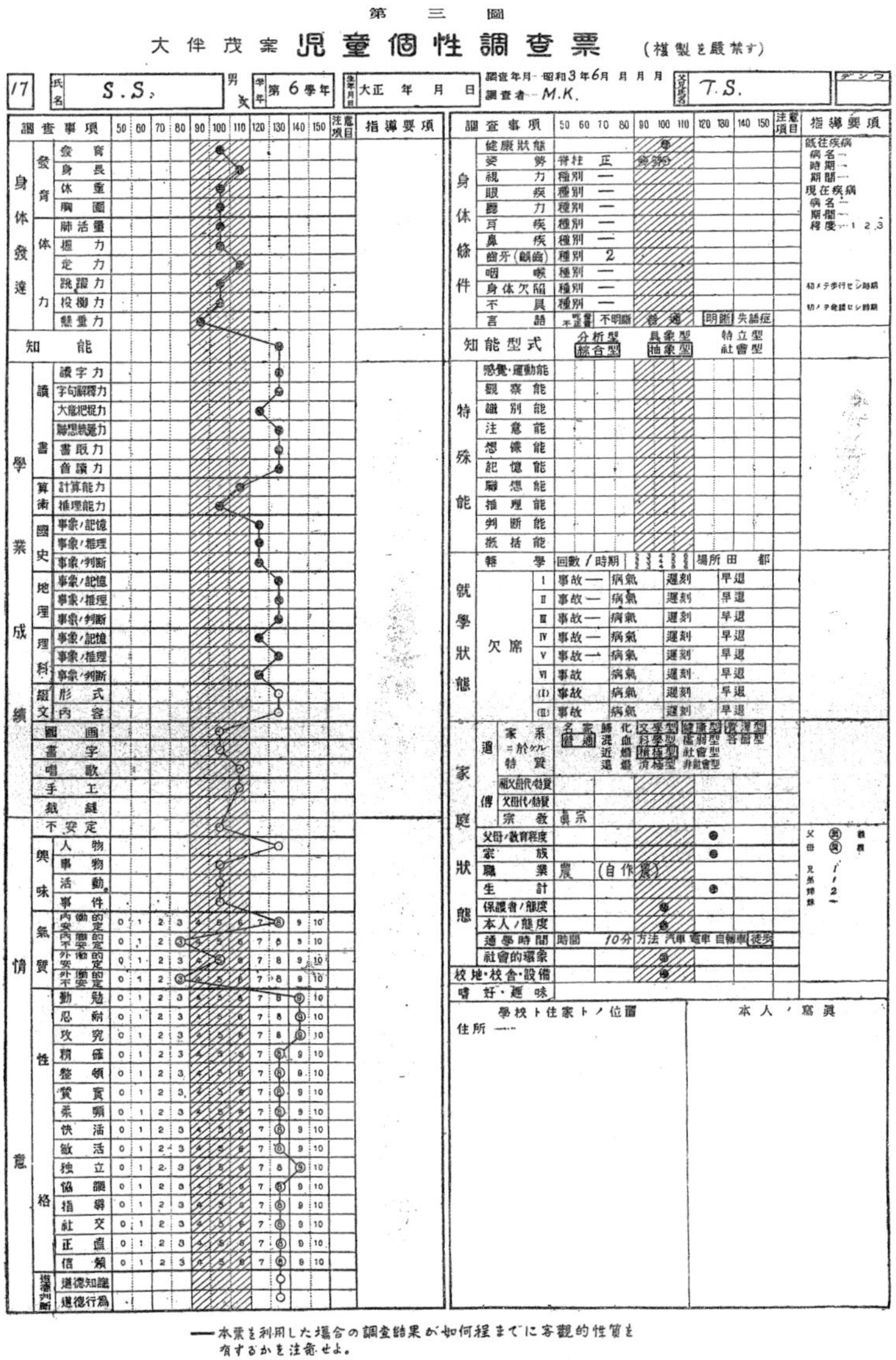

図2-6　大伴式個性調査票（大伴茂『個性調査と教育指導』1929年より）

慮が遺憾なく発揮されていることが特徴である。たとえば調査結果を折れ線状のグラフによって表現するというやり方には、「表簿を読む」という認識行為における視覚的な効果の重要性が深く自覚化されていた様子がうかがえるし、それ以外にも調査票の体裁についての著者のこだわりは、表簿の大きさや印刷の配色にまで及んでいるのである。もちろんこの調査票が一葉一名用のカード様式であったことも言うまでもない。

そして大伴の著書には、この表簿の読み方までもが解説されている。先ほどの大項目でいうと、学業欄→知能欄→情意欄→身体欄→就学欄→家庭欄というのが、大伴の示した読み取りの方法的順序であるが、その解読法の実例も提示されているので紹介しておくことにしたい。以下は第五学年のある男子児童SE（大阪市S小学校、一〇歳一〇ヵ月）についての解読の事例である（大伴一九二九、二四七〜二五一頁）。

調査票の読み取りの手順として、最初に目を通すべきは学業成績の欄であるが、この児童の場合、まず確かめることができるのは、学業成績の総合的なレベルからすると「秀才」の部類に属しているという事実である。しかしながら科目別では算術だけが普通レベルの成績を示しており、ここでなぜに算術だけが不振であるのかという疑問が、彼における教育指導上の問題として浮かび上がることになる。

そこで次に知能程度の欄を確かめてみると、その点でもやはり彼が非常に優秀であることが示されており、算術不振の原因が知能程度によるものでないことを確認することができる。では情意状態はどうかというと、そこにもやはり格別の問題点は認められない。そこで今度は身体状態の欄に目を移してみると、そこにかつての大患の既往歴と、その後も日常的に頭痛持ちの症状を抱えている事実が見出されることになるのである。

ここでようやく原因追究の糸口を得たことになるわけであるが、しかしそれだけでは解読はまだ不十分である。この段階では、彼の身体上の問題が、他の科目成績については影響せずに、何ゆえに算術についてだけ悪影響を及ぼしているのかについての説明がつかないからである。そこでさらには出欠席状態欄へと読み進んでゆくと、なるほど彼には第二学年時において、くだんの大患にかかわる長期の病気欠席があったという事実が確認できる。他の科目ならば長期欠席後であっても多少の努力によって遅れをとりもどすことが可能であるが、ことに算術に関してはなかなかそううまくいくものではない。どうやら彼においては、第二学年時において算術の基礎練習を欠いてしまったことの影響が、今日まで尾を引いているものと判断できるのである。そしてここから、彼に対する教育指導上の課題が明確なものになっていくというわけである。

さまざまな「個性」

いま挙げた事例では、データを読み解く際のポイントとして過去の大患の既往歴が特にクローズアップされていたわけであるが、個々のケースによって注目されるべき部分はさまざまであることはいうまでもない。ケースによってはその情意状態や身体状態のなかに問題が発見され、あるいは家庭的な背景にもとづく遺伝的、慣習的な要素が重視されたりすることになる。大伴の著書の中には、ほかにも解析の事例がいくつか示されているので、それぞれ手短に要約したものを以下に紹介しておくことにしたい（以下、大伴一九二九、二五二〜二七一頁より要約）。

【事例①】児童ＴＧ：奈良県Ｈ小学校第六学年男、一二歳二カ月

知能程度は一三〇で「山間の児童としては珍しく秀才」の部類に属するが、学業成績のほうはおおむね優秀ながら領域によってムラがある状態。就学と家庭の状態についてみてみると、第二学年時に現在の学校に転学しており、また「家庭が僧侶であつて而《しか》も小僧として養はれてゐる境遇であることよりして、家事の都合により極めて屡々《しばしば》遅刻或《あるい》は早退をなす」事実が確認できる。こうした背景によって、「彼をして読書に於ては書取の方面に、算術に於ては計算及び推理の両方面に、彼として著しき不振の成績を示すものであるやうに思はれる」。

【事例②】児童ＥＫ：大阪市外Ｈ小学校第六学年男、一二歳五カ月

学業成績はまぎれもなく「秀才児」であるのだが、知能程度は一一〇で「普通児たるに過ぎ」ない。情意状態をみてみると、その不均衡が認められ、そして身体状態については、身長が相当高いにもかかわらず体重・胸囲・体力がそれに見合うものではない事実が確認できる。「ここに於て、彼が普通児であるに学業成績優秀なるは、素質以上のやり過ぎをやつてゐるのであつて、それが情意状態にあらはれ、身体状態にまで見えて来てゐるのであると理解」される。

【事例③】児童ＣＦ：神戸市Ｋ小学校第五学年男、一一歳四カ月

知能程度は七〇の「鈍才児」。学業成績は全体として普通以下ながら、図画手工などの技能教科に著しい才能が認められるという「興味深い特質を示して」いる。「彼はかくの如く鈍才児として生れて来てゐるのでありますから、彼の成績の芳《かんば》しくないことは、彼としてはとがめられるべきことではなく、寧《むし》ろ彼としては大体正当な生活をしてゐるものとみるべきであります」。しかし、低知能という彼の素質は、「図画及び手工に特殊なる天才を有つてゐるといふ素質によつて、充分代償され得るもので、彼が人間としての生活は、恐らくこの特殊能の発揮によつて美しく彩られることであらう」。

【事例④】児童ＲＧ：神戸市Ｔ小学校第五学年男、一一歳四カ月

知能程度は「秀才」レベルで、学業成績もそれに見合う「優秀」の部類。発育状態や体力には何ら憂慮すべき点は見当たらないが、ただ「身体条件に於て、相当高い近視眼であり、耳に不具的故障があるばかりでなく、アデノイド患者であることは、可なり注意する」べきところ。そして情意状態が危険域に属し、著しく不安定で、「非常に不正直」。「彼はこの優秀なる能力を悪用しつつある」ようで、「これを要するに、彼は不良児と判定されるのであります」。保護者との面談からも「彼の母方の叔父が放蕩であり、彼の兄も弟も多少彼の如く不良であることが分明」している。「これによれば彼の不良性は先天的のものであることがまた推知されます」。

これらの事例を通覧すれば、「個性」理解をめぐる今日的な感覚との違いは歴然としているであろう。「秀才児」や「鈍才児」など、この時代ならではの際どい表現もさることながら、心理学者ならではの「知能」への執着はやはり印象的である。

話が前後してしまったが、前記の事例中に登場してくる知能程度は標準得点による表示、要するに知能指数なのであるが、大伴の説明では「標準得点五〇・六〇が痴鈍、七〇・八〇が鈍才、九〇・一〇〇・一一〇が普通、一二〇・一三〇が秀才、一四〇・一五〇が天才」(大伴一九二九、二四三頁)にそれぞれ相当する。そして大伴の調査法では、児童らの実際の学業成績もまた標準得点で表示されるようになっており、まずはこの両者のバランスが比較対照されるのであるが、ここで注目されるのは、しばしば実際の学業成績よりも知能程度の数値のほうが、優先的に準拠すべき前提とされていることである。

もちろん大伴自身は、テスト開発に携わる当事者のひとりとして、測定結果にも誤謬が生じ得るという可能性に対して決して無自覚ではなく、データ解析に関して相応に慎重な姿勢がとられてはいるのだが、それでもやはり、アプリオリな存在としての「知能」の実在は少しも疑われていなかったように見える。【事例②】において、知能程度が普通レベルであるにもかかわらず学業成績が優秀であることが病理的な事態として捉えられている(「素質以上のやり過ぎをやつてゐる」)のは、さすがにあんまりではないかという気もしてしまうのだが、ともかくもこれが当時におけるテスト開発者の知能観であり、人間観なのである。

同様に、家系ないし遺伝的要素が過度に重視されていることも、注目すべき特徴のひとつと言える。【事例④】では、叔父の放蕩や兄弟の素行不良の事実と結びつけて当該児童の「先天的」な不良性が読み込まれているが、こうしたまなざしは優性思想的な世界観にまぎれもなく接続するものであるだろう。

しかしながら、この「個性」把握の実践に関して、今日とは異なるより本質的な特質を見出そうとするなら、それよりもずっと基礎的な次元にこそ照準すべきであるように思われる。すなわち、この実践において「個性」とは、何よりもまず個人にまつわる様々な項目別特徴の集積によって理解されるべき存在であった。しかもその構成要素たる範囲は、知能や学力、性格のみならず、家庭の状況や身体的特徴にまで及ぶのである。したがって、たとえば家の生業や当人の身体的障害までもが当人の「個性」を構成する重要な一部とされていた。つまりはこの実践が明らかにしようとした「個性」とは、シンプルに各個人にそなわる個体的特徴のことにほかならなかったのである。

さらに補足するなら、それは単なる個体的特徴であるからには、ことの優劣はさしあたり無関係である。長所のみならず短所もまた「個性」に含まれるのであり、したがって「秀才児」や「鈍才児」、そして「不良児」までもがその類型として位置づけられていたことは、あらためて再確認しておきたい。

「個性」の生産

さて、ここであらためて、「個性調査」とは何であったのかについて考察をめぐらせておくことにしたい。

ここまでの検討内容をふまえて小括するなら、それはいうならば「表簿を通して生徒を観る」という実践だった。それだけに我々は、そこにある種の転倒的な事態を看取できることも確かであるだろう。すなわち、実際に大伴の調査法の中にも顕著であったように、ここで観察者は表簿を使って観察を行うというよりも、表簿のなかに対象を読み込むというほうがむしろ実感に近い。あらかじめ目の前に「個性」というものが厳然として存在していて、それを構成する諸側面が表簿のうえに写しとられるというよりも、むしろ表簿のうえに写しとられた事実の集積こそが、一人ひとりの生徒の「個性」を浮かび上がらせていくのである。そしてまた「個人化」された表簿形式のもとで、あたかもそれ自体が対象たる当該個人そのものを代理するかのように取り扱われていく。

一面においてそこでは、写し出されたほうのオリジナルの個人の実在が、かえってないがしろにされてしまっているような印象を与えるかもしれない。「個性」へのこうした向き合い方に対して、「それは形式依存的で、本当の意味での生徒理解ではなかった」などとして、現在の高みからただ否定的に論評することは容易であるだろう。実際、科学性や客観性の重視を高く掲げていたはずの大伴による事例分析も、今日の視点からみるなら、恣意的な解釈が多分に含まれていたようにも見えるし、というより、むしろ偏見に満ちあふれているようにすら映る。しかし、だからといって、誤りのない正しく捕捉されるべき「本当の個性」が、別のどこかに実在しているかのような想定はおそらく間違っている。認識という営みは、つねに何らかの方法上の設定や概念を通して可能になってくるはずのものであり、「個性」もまた、そうした認識の媒体を介してしか取り出すことのできない存在であるはずだからである。

言い換えるなら、それは見出されるよりも、むしろ作りあげられる。調査という営みを通して、一人ひとりの「個性」が実体化され、作られていたのである。その意味で「個性調査」とは、ある形の「個性」を生産する認識の方法論だったと見るべきではないだろうか。

ブームの退潮

さて、以上の通り、大正新教育の機運とともに盛り上がり、職業指導への応用という形で教育政策に取り込まれるまでに発展した「個性ブーム」であったが、そうした空気も一九三〇年代に入る頃には徐々に退潮に向かうことになる。当初はいわば官製の「個性尊重」運動の様相を呈していた職業指導への取り組みも、やがて急速にその個性主義的な傾向から脱していくのである。

米田俊彦によると、職業指導の普及を目的として設立された大日本職業指導協会（一九二七年発足、一九三二年に財団法人化）の、この間における推移は以下の通りである。「発足当初は心理学関係者の存在が大きく、個人の「性能」を検査し、その結果を「科学」によって明らかにされた「個性」として把握し、その「個性」に対応する職業を選択させること（＝個性尊重）が強調されていた。ところが財団法人化して以後の五年間は、田中寛一をはじめとする心理学者は運動や組織の中心からはずれ、「個性」尊重や「科学」的検査の必要はほとんど叫ばれなくなった」

（米田編二〇〇七、四六頁）。

石岡学によると、こうした変化の背景にあったのは、職業指導の「理論」と「実際」の間のジレンマ状況であった。すなわち、学校での職業指導の実践が実際にスタートしてみると、その現場では、「適性に見合った適職への誘導を最優先とするのか、それとも労働市場の現実に即して失業者を生み出さないようにすることを主眼とすべきなのかという問題」（石岡二〇一一、七〇頁）に直面せざるを得なかった。つまり現実の労働市場においては、就職の機会は必ずしも測定された個性に見合った形で分布しているわけではなかったのである。これは今日の大学生がいくら自己分析を重ねてもなかなか適職にたどり着けるわけではないことと同じ道理だろう。さらには「検査結果に忠実な指導を行うあまり、強引なまでに生徒の志望を変更させる」（石岡二〇一一、七三頁）という倒錯的な事態まで起こっていたという。「科学的」な手法による「個性」把握のあり方に対する現場での反感は高まるばかりだった。

そして戦時体制へと向かう中で、そもそも文部省自体が個性主義の全面否定の立場を明確にしていくことになる。すでに一九二〇年代半ばには、文部省は新教育の弾圧に乗り出していたことは既述の通りだが、戦時体制に入る頃には、その態度はますます鮮明なものとなっていった。そのことが最も明瞭に示された事例と言えば、一九三七（昭和一二）年に文部省により発行された『国体の本義』であるだろう。国民思想教化を目的として編纂された同書において、「個性尊重」の空気は次のような文言でもって明確に否定されるのである。

我が国の教育は、明治天皇が「教育ニ関スル勅語」に訓《おし》へ給《たも》うた如く、一に我が国体に則《のっ》とり、肇国の御精神を奉体して、皇運を扶翼するをその精神とする。従つて個人主義教育学の唱へる自我の実現、人格の完成といふが如き、単なる個人の発展完成のみを目的とするものとは、全くその本質を異にする。〔中略〕個人の創造性の涵養、個性の開発等を事とする教育は、動《やや》もすれば個人に偏し個人の恣意に流れ、延《ひ》いては自由放任の教育に陥り、我が国教育の本質に適《かな》はざるものとなり易い。（文部省一九三七、一二一～一二二頁）。

そして敗戦後も、「個性」に対する社会的関心の退潮はそのまま続いていったように見える。たしかに敗戦直後は、戦後民主主義の息吹を反映して新教育のリバイバルが起こるのだが、「戦後新教育」と呼ばれるこの動きも、結局のところ大衆的な支持を得られぬまま、比較的短期間で勢いを失っていく。また戦後の学校教育内の職業指導実践において、しばらくは「個性調査」の取り組みが続いていた様子も看取されるのだが、そこでの「個性」への執着は、戦前からの惰性という以上の、必ずしも積極的なものではなかったのではないかと思われる。学校教育での職業指導そのものはその後も発展し、進学率の上昇とともに、やがて「進路指導」へと展開していくことになるが、「個性調査」と呼ばれる実践は、戦後ほどなくして徐々に姿を消していくのである。

なぜブームは退潮し、敗戦後もすぐには、そのまま復活することはなかったのか。もちろん、前述のような文部省による弾圧的な態度はまちがいなく重要な要因である。しかしそれは直接的なきっかけであって、本質的な背景としては、もっと別の側面にも注意を払っておくべきだろう。すなわち、この頃にはもはや「個性」が社会的に強く希求されるような条件にはなかったというのが本書の考えである。

ともあれ、社会的な規模でもって「個性」がもてはやされるような状況は、このようにしていったん収束していく。ただし、それはおそらくはあくまで表面上のことであって、この時に「個性」の語に付与された価値的なニュアンスは、いわば社会的な記憶となって人々の脳裏に深く刻まれていたようにも映る。次章以降で詳しくみていく通り、実際にそれから数十年を経過した後になってから、「個性」の語は社会的にふたたび思い出されることになるからである。

第3章

二度目のブーム——臨教審と「個性重視の原則」

1 トットちゃんのユートピア

『窓ぎわのトットちゃん』

序章で述べた通り、日本社会において「個性ブーム」と呼べるような状況は大きく言って二度起こっている。最初のそれは第1・2章で触れた一九一〇～二〇年代を中心とする期間であり、そして二度目に相当するのが、これから扱う一九八〇～九〇年代を中心とする期間である。そして本書の見立てでは、この二度目のブームの幕開けを象徴する存在が、黒柳徹子著『窓ぎわのトットちゃん』（講談社、一九八一年）である（図3-1）。刊行されたのは一九八一（昭和五六）年三月のことであったが、それからわずか二カ月半でミリオンセラーとなり、年内には四三〇万部という記録的な売り上げを達成するのである（出版ニュース社編二〇〇二、七六頁）。ちなみに同書はその後も読み継がれ、二〇二一年時点での国内累計は八〇〇万部を超えているのだという（『朝日新聞』二〇二一年六月二日）。

何せ戦後最大のベストセラーなので詳しい説明は不要かもしれないが、いちおう概要紹介しておくと、同書は女優・タレントである著者がかつて通った小学校「トモエ学園」での日々をつづった自伝的物語である。舞台は昭和一〇年代の東京。タイトルにもある「トットちゃん」とは、子供のころ舌足らずのため自分の名前の「徹子ちゃん」を正しく発語できず、また自分でもそういう名前だと自己認識していた著者自身のことである。

　このトットちゃんは、いったん入学した公立の小学校を一年生にして「退学」になってしまう。授業中に机のフタを際限なく何度も開け閉めしたり、外を歩くチンドン屋さんを教室の窓から大声で呼び込んだり、窓の外で巣作りをしているつばめに「何してるの？」としきりに話しかけたりという、トットちゃんの度重なる奇矯な振る舞いに、担任の先生が音を上げてしまったのである。要するにトットちゃんは一般の小学校では手に余るタイプの子供だった。そこでトットちゃんの母親は、そんな娘を受け入れてもらえそうな新しい転校先を求めて奔走することになる。そして見つけたのが、そのころ自由が丘にあった私立のトモエ学園。小林宗作《こばやしそうさく》校長が創設した、全校生徒五〇名たらずの小さな学校だった。

図3－1　黒柳徹子『窓ぎわのトットちゃん』（講談社、1981年）

　このトモエ学園は、根っこのある二本の木が正門で、校舎の一部として廃車になった電車の車両が再利用されていた。そして校長先生は、入学を決める面談の際に、「さあ、なんでも先生に話してごらん」と、四時間もぶっ通しでトットちゃんの話を聴いてくれるような人物だった。かくして「電車が教室」というトットちゃんにとっては夢のような環境のもとで、ふつうの公立小学校とは異なる、一風変わった学校生活が展開されていくのである。

さて、ここで本書にとって重要なのは、同書の中に描かれ、そして多くの読者に深い印象を残すことになった主題のひとつが、まさしく「個性」だったことである。参考までに、当時の新聞広告に掲載されていた同書の紹介文を以下に引用しておくことにしよう。

小学校一年で退学になったトットちゃんと、型破りで、おかしなトモエ学園のめぐりあい。個性尊重の自由な教育をめざした校長先生のもとに、ちょっぴり〝落ちこぼれ〟だったトットちゃんたちは、大人も思わず感動する生き生きした学校をつくりあげる。これは第二次大戦が終わるちょっと前まで実際に東京にあった小学校と、そこで、ほんとうに通っていた女の子のことを書いたお話です——。（『読売新聞』一九八一年四月六日）

この文章にある通り、同書で描かれていたのは「個性尊重の自由な教育」を志向したトモエ学園でのエピソードの数々である。一年生にして公立の小学校を退学になるほどのトットちゃんの強烈な個性を、決して否定することなく受け止め、包容した小林校長と、彼のもとで展開されたトモエ学園の「個性尊重」の教育実践に、一九八〇年代を迎えた頃の人々はすっかり魅了されていったのである。

小林宗作と大正新教育

それにしても、「個性」をテーマに据える本書にとって非常に意味深く感ぜられるのは、このトモエ学園が大正新教育の系譜に位置づけられる学校だったことである。校長の小林宗作は、やはり大正新教育の有力校のひとつであった成蹊学園の小学部で音楽教師を務めた後、ヨーロッパに留学して音楽教育を研究し、その帰国後に、第1章で取り上げた成城学園に招かれて幼稚部の創設に関与したという経歴の人物であった。黒柳の著書によりトモエ学園の校長先生として広く知られるようになった小林であるが、日本の教育界におけるその功績と言えば、何よりもまず音楽教育分野におけるリトミックの紹介者としてのそれであり、また教育者としての活動はというと、じつは小学校よりもむしろ幼稚園のほうが主領域だったと言える。

リトミックとは、楽器の演奏や聴覚的な理解ばかりを偏重してきた旧来の音楽教育のあり方を反省し、音やリズムに対する反応や行動を通して子供の身体的な感覚を養うことを目的とする能力開発の実践である。小林は二度にわたるヨーロッパ留学を通して、その創案者であるエミール・ジャック゠ダルクローズのもとで直接その理念や技法を学び、日本での普及に努めた。

新教育は一種の文化運動でもあり、そのすそ野はたいへん広い。本書では「個性教育」に照準する立場から、第1章では特に新学校における個別教育の実践に注目したが、それ以外にもこの潮流のもとでは、さまざまな位相においてさまざまな取り組みが試みられている。たとえば作文教育の分野では、芦田恵之助がそれまでの範文模倣的な綴方《つづりかた》教授のあり方を否定し、自由に課題を選ばせ、記述させるという随意選題主義を唱え、その後の生活綴方運動への道筋を作ることになったし、また美術教育の分野では、山本鼎《かなえ》がやはり、それまでは手本画の模写が主流だった図画教育のあり方を否定し、子供が見たままのことを自由に表現させるという自由画教育を提唱し、運動として展開している。それらとちょうど同じように、小林はつまるところ音楽教育の分野において子供の自然状態に基礎をおく自由教育の実現を図ろうとしたことになる。

佐野和彦の研究によると、小林がそれまでに在籍した成城学園を離れることになった遠因には、例の成城事件後の混乱が関係していたようである。自分を呼び寄せた小原國芳が去った後の成城学園に居づらくなっていたところに、ある筋から、近く閉校が予定されていた自由が丘学園小学校を引き継いではどうかという話が持ち上がり、資金集めをしてこれを買い取った結果が、一九三七（昭和一二）年のトモエ学園（小学校と幼稚園）の開校であった（佐野一九八五、一二三〇～一二三二頁）。

ちなみに自由が丘学園は、千葉師範学校附属小学校の主事時代の「自由教育論」で知られる手《て》塚岸衛《づかきしえ》が、公立学校を辞職後の一九二八（昭和三）年に創設した私立学校であって、前記の閉校は一九三六（昭和一一）年の手塚の死去に伴うものだった。したがってトモエ学園は、玉川学園や明星学園、和光学園と並んで、成城学園から分岐して起こった学校のひとつとも言えるし、自由が丘学園の継承校とも言える。いずれにせよ大正新教育の末流に位置づく学校ということになる。

大正新教育の動向は、日本教育史研究の分野ではそれなりに研究の蓄積がなされてきた領域と言えるが、小林のトモエ学園はというと、専門の研究者の間でもそれまでほとんど注目されてこなかった存在であった。その理由としては、大正新教育の最盛期からは少々遅れて創設された事例だったからということもあるだろうし、小林自身がこの学校の経営に関する社会的な情報発信をほとんど行ってこなかったからということもあるだろう。そしてもちろん、戦災によって校舎が焼失してしまい、戦後はそのまま廃校になってしまったという事情も大きかっただろう（戦後は幼稚園のみ存続したが、それも小林の死去に伴い、一九七八年に廃園となっている）。もしも同書のかたちで黒柳が書き残すことがなかったら、この学校のことは世間から知られないまま歴史に埋もれてしまっていたのではないだろうか。ともあれ、それは大正新教育の世界観の突然のリバイバルであった。

トモエ学園の授業スタイル

さて、トモエ学園のこのような「新教育」的な特徴は、『窓ぎわのトットちゃん』の中にも確かに描かれている。たとえば授業運営方法について説明された次の場面がそうである。


でも、なによりも〝かわっていた〟のは、この学校の、授業のやりかただった。

ふつうの学校は、一時間目が国語なら、国語をやって、二時間目が算数なら、算数、という風に、時間割の通りの順番なのだけど、この点、この学校は、まるっきり違っていた。

なにしろ、一時間目が始まるときに、その日、一日やる時間割の、全部の科目の問題を、女の先生が、黒板にいっぱいに書いちゃって、

「さあ、どれでも好きなのから、始めてください」

といったんだ。だから生徒は、国語であろうと、算数であろうと、自分の好きなのから始め

ていっこうに、かまわないのだった。だから、作文の好きな子が、作文を書いていると、うしろでは、物理の好きな子が、アルコール・ランプに火をつけて、フラスコをブクブクやったり、なにかを爆発させてる、なんていう光景は、どの教室でも見られることだった。この授業のやりかたは、上級になるに従って、その子供の興味を持っているもの、興味の持ちかた、物の考えかた、そして、個性、といったものが、先生に、はっきりわかってくるから、先生にとって、生徒を知る上で、何よりの勉強法だった。

　また、生徒にとっても、好きな学科からやっていい、というのは、うれしいことだったし、嫌いな学科にしても、学校が終わる時間までに、やればいいのだから、なんとか、やりくり出来た。従って、自習の形式が多く、いよいよ、わからなくなってくると、先生のところに聞きに行くか、自分の席に先生に来ていただいて、納得のいくまで、教えてもらう。そして、例題をもらって、また自習に入る。これは本当の勉強だった。だから、先生の話や説明を、ボンヤリ聞く、といった事は、ないにひとしかった。（黒柳二〇一五、四九〜五一頁）

これはまさしく、第1章で概観した成城小学校のドルトン・プランとよく似た方式の、時間割を排した自学主義による授業運営であることが了解できるだろう。

　このように「好きな学科からやっていい」という自習形式の方法が、はたして著者の言うほどに理想的な学習スタイルと言えるのかどうかについては、ここで客観的に判断することは難しい。たしかに成城小学校のドルトン・プランでは失敗に終わったこの方式も、トモエ学園ほどのごく少人数のクラスなら、ある程度うまく機能できた面もあったのかもしれない。しかしながら、それでも前のくだりには、著者によるメリットの誇張、ないし叙述の不正確さが含まれていたように思われる。卒業生らの証言によると、トモエ学園でもこのような形式の授業が実施されたのは実際には週一日だけで、ほかの曜日にはどうやら、時間割のある普通の一斉授業が行われていたようである（婦人倶楽部一九八二）。

感性だけの新教育リバイバル

しかしながら、いずれにしても一九八〇年代の読者たちが共感したのは、必ずしもこのような新教育的な授業運営そのものに対してではなかったのではないかと思われる。もちろん同じ時期には、個別教育の実践研究にも一定の進展が見られたし、教室ごとの壁を取り払ったオープンスペース型の学校建築の試みなどもそれなりに注目を集め、あるいはシュタイナー学校のような新教育系の教育機関も新たに創立されるなどしている。しかしながらこうした動向は、「トットちゃん」フィーバーの圧倒的なボリュームの厚さに比べるなら、それには遠く及ばない、あくまで局所的な範囲での変革に留まったと言うべきであろう。

冷静に分析してみると、同書で描かれていたトモエ学園の実践の多くは、あくまで小林宗作校長個人による人格的な魅力の上に成り立つものであったことに気づかされる。たとえばこの学校では、電車が教室というのはもちろんのこと、お弁当に追加のおかずとして「海のものと山のもの」が配られたり、プールの時間に水着なしの裸で参加しても構わなかったり、運動会の賞品が大根やゴボウやホウレン草だったり、ほかにもいろいろと、普通の小学校ではあまり見かけないユニークなセッティングが認められるが、これらは必ずしも新教育に特有の教育実践というわけではなかった。どちらかというと小林校長個人による独創的な取り組みと言うべきものである。裏返すなら、なるほど普通の小学校ではあまり見られないとは言っても、古い時代の田舎の小さな学校なら、それに類するエピソードは他でも散見されるところではなかったかとも思えてくる。トモエ学園ほどの徹底ぶりは難しいにしても、記録には残らないところで、全国にはかつて無数の小林先生たちが存在していた可能性は十分に考えられるのではないだろうか。

そして一九八〇年代の読者たちもまた、こうしたエピソードの数々を、失われた過去のノスタルジーとして、あるいはどこにも存在しないユートピアとして、おそらくは情緒的に消費していたのであって、必ずしも現実的な学校教育の改革モデルとして受容していたわけではなかったであろう。具体的な実践とは切り離されたところで、「個性尊重」を切望する新教育的な感性だけが再び駆動し始めるのである。本書の第1章で言及した〈新教育の地平〉の意味するものとは、まさしくこれであろう。二度目の個性ブームの時代は、こうして幕を開けたのだった。

2　閉塞する学校教育

背景としての学校荒廃

それにしても『窓ぎわのトットちゃん』はどうしてこのような社会現象と言えるほどの爆発的なブームを巻き起こしたのだろうか。このことについては出版業界隈でもさまざまな次元の論点が提出されてきたが、現時点から振り返ってみると、やはり当時の学校教育の置かれた状況こそは最も本質的な要因のひとつであったように思われる。

すなわち一九八〇年前後は、全国の中学校や高等学校で「校内暴力」の嵐が吹き荒れる状況下にあったわけで、このような社会的背景こそは、同書で描かれたトモエ学園の教育に対する共感を増幅させる効果をもったことはまちがいないはずである。実際に同書の「あとがき」の末尾に、「一九八一年。――中学の卒業式に、先生に暴力をふるう子がいるといけない、ということで警察官が学校に入る、というニュースのあった日。」と記されていたことは、きわめて象徴的と言えるだろう。現実の学校教育の閉塞状況という社会的認知の下地があったからこそ、それに対するコントラストとして、トモエ学園のユートピア性がよりいっそう際立つという構図が成り立っていたわけである。

ここであらためて「校内暴力」を見出しに持つ新聞記事を各社の記事データベースで検索してみると、図３－２に見られる通り、一九八〇年から八五年にかけての期間が、その社会問題としてのピークであったことが確認できる。「校内暴力」とは文字通り、生徒が学校内で起こした暴力事件のことであり、具体的には生徒間での暴行や恐喝、窓ガラスを割るなどの器物破損行為な

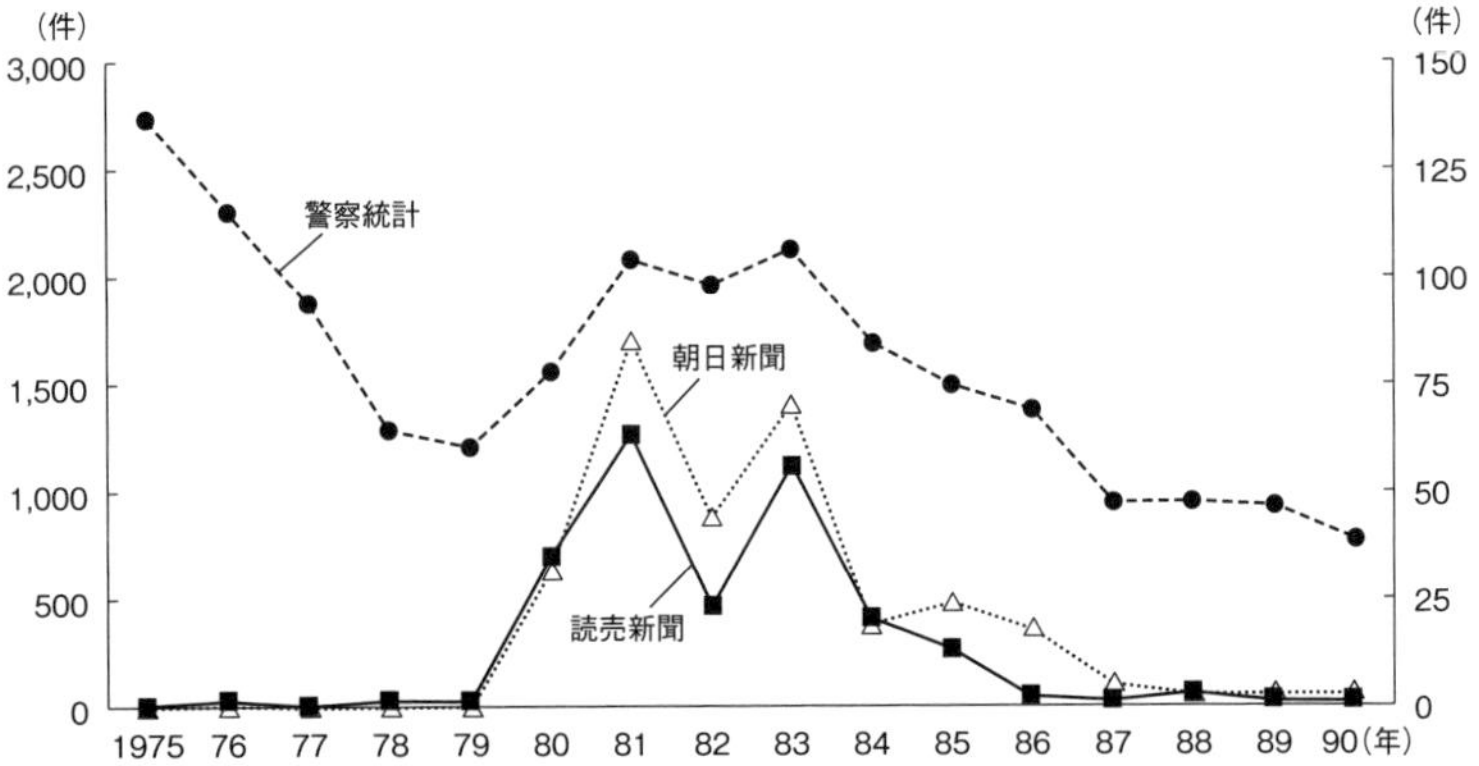

注）警察統計：警察が認知した校内暴力事件の件数（左目盛り）。
　　朝日新聞・読売新聞：見出しに「校内暴力」を掲げる記事件数（右目盛り）。
出典）『警察白書』「朝日新聞クロスサーチ」「ヨミダス歴史館」より作成。

図3－2　「校内暴力」件数ならびに記事数の推移

どであるが、それ以上にこの時期にとりわけ注目を集めたのは対教師暴力であった。たとえば「深刻化する校内暴力」というタイトルでこの話題を取りあげた昭和五六年版の『警察白書』には次のような事例が挙げられている。

〔事例1〕　校内番長グループの中学三年生A（一五）は、休み時間に教室でカセットテープをかけて大騒ぎしているところを教師に見付かり注意を受けた。Aを含む校内番長グループ九人は、これに激高し、竹刀を持って職員室に押し掛け、六人の教師に頭突き、足げり、顔面殴打等の暴行を加えた。この少年たちのグループは、暴走族「一寸法師」の影響下にあった（警視庁）。

〔事例2〕　卒業生で暴力団員となっている少年（一八）の影響を受けて、同級生から現金を脅し取っていた校内番長グループの中学生四人（一四、一五）は、級友を殴ったことで教師に注意され、これに激怒し、校舎の屋上に教師六人を呼び出して革ベルト等を振り回し、殴る、けるの暴行を加えた（神奈川）。

〔事例3〕　中学三年生A（一五）が音楽室横のシャッターにいたずらしているのを教師に注意されたことから、Aら仲間の中学生二三人は、教師の注意の仕方が悪いと激高して職員室に押し掛け、一二人の教師に殴る、けるなどの暴行、脅迫を加えた（三重）。

〔事例4〕　高校二年生（一七）は、盗み等の非行で仲間の二人とともに学校から謹慎処分を受けたが、ほかの二人が既に処分解除となっているのに自分は処分解除にならないのは片手落ちであるとして、生活指導担当教師を海岸に呼び出し、ヌンチャクで頭部を殴打するなどして全治一週間の傷害を与えた。さらに、「おれも坊主になったからお前も坊主になれ。」と、その教師を理髪店に無理矢理連れて行き、丸坊主にさせた（長崎）。

じつにおぞましい状況とは言えるが、ただし、当時報道の対象ともなったこれらの事例が、あくまで極端なケースであったことは忘れられてはならない。そして前記の記事件数の推移もまた、それは社会問題としての扱いの指標たりえても、必ずしも実態として学校内での暴力行為の動向を正確に映し出すものではなかったことには注意が必要であるだろう。

ここには「社会問題」をめぐる我々の状況認識と社会的現実との間の複雑な相互作用の問題が関わってくる。たとえばある事象に関して、実態が変化してもそれほど社会的に問題視されない場合もあるし、逆に実態はそれほど変わっていないにもかかわらず、それを捉える社会の側のまなざしが変化することによって、にわかに社会問題として浮上してくるということもしばしば起こっている。今日の社会学研究の中でも特に構築主義と呼ばれるアプローチにおいては、このように「社会問題」が時に客観的な状況とは必ずしも結びつかないところで生起し、またそのことによって新しい事実を再構成していくというプロセスがさまざまに検証されているが、「校内暴力」問題もまた、そうした経過をうかがわせる事例のひとつにほかならないのである。

前出の図３－２には警察データも重ねて示しておいたが、あらためて確かめてみると、新聞記事として取り上げるようになる直前の七〇年代後半までは、警察が把握している学校内での暴力事件の件数はむしろ減少傾向にあったことがわかる。たしかに八〇年以降は再び増加に転じているが、これはむしろ、この問題に対する社会的感度が高まったことの「結果」と考えるほうが自然だろう。

また新聞記事のほうにしても、もう少し詳しく確かめてみると、実は一九八〇年代よりもずっと以前から、学校内での暴力に関する報道自体はなされていたことが確認できる。もっとも、このあたりの報道姿勢は新聞社によっても異なっているらしく、一九五〇年代から七〇年代の全般にわたって比較的コンスタントに対教師暴力に関する記事を載せているのは『読売新聞』である。その中から見出しだけいくつか例を挙げると、「生徒数名で先生殴る　福島の中学に〝暴力教室〟日本版」（一九五五年九月二一日）、「鉄棒で先生なぐる　名古屋　卒業式を前に中学生」（一九六二年三月一四日）、「木刀で先生追い回す　逆恨み五人、職員室乱入　茨城の中学」（一九七二年九月一〇日）などである。前記の『窓ぎわのトットちゃん』の「あとがき」には、中学校の卒業式における暴力をめぐる話題が取り上げられていたが、「お礼参り」と称して気に食わない教師を卒業時に集団で襲うという行為なら、かなり以前から頻発していたことも、いわば周知の事実だった。要するに一九八〇年代以前は「校内暴力」という定型句がまだ確立していなかっただけで、学校内での暴力そのものは発生もしており、そして一定程度の報道もなされていたわけである。

このように見てくると、八〇年代の「校内暴力」問題とは、つまりは人々の不安状態を投影した一種のモラルパニックの様相を呈していたことが了解されてくる。

「社会問題」による「現実」の強化

もちろん、ここでは決して「校内暴力」がたいした問題ではなかったなどと言いたいのではない。学校現場では、たしかにそれが切実な現実としてあったことはまちがいないのだが、しかしその「現実」もまた、社会問題としての認知があったからこそ、よりラディカルな方向へとエスカレートしていたという可能性は十分にありえたはずである。たとえば「荒れる学校」というイメージが社会的な注目を集め、報道やテレビドラマなどのコンテンツとして積極的に扱われることによって、結果的に現状追認の機制が働き、かえって当事者たちをより勢いづかせる効果をもったということは十分に考えられるだろう。いわば認識が現実を後押しし、そうやって更新された現実があらためてその認識を強化するという循環の構図が生じていたという可能性である。のちの二〇〇〇年代に入ってから、「荒れる成人式」という演目のもとで展開された出来事も、これと同様の事態であったろう。

このように「校内暴力」問題が一面において人々の解釈枠組みによって規定された現実だったのだとすると、他方でこの問題が比較的短期間ののちに急速にフェイドアウトしていったプロセスも同じ観点によって説明可能である。この一連の経過を分析した太田（一九九五）は、当時の報道においてそれまでは「校内暴力」として語られていた生徒間暴力の解釈が、最終的に「いじめ」案件へと置き換わっていったという論点を提出している。

とりわけ大きな転機となったのは、一九八六（昭和六一）年の中野富士見中学校の生徒の自殺事件だった。要するに別の新しい解釈枠組みである「いじめ」問題へと社会的な関心が移行し、その中へと包摂されていくかたちで、「校内暴力」問題は収束していったことになる。なるほどあらためて当時の新聞記事を確かめてみると、逆に八〇年代前半までは、今日なら「いじめ」案件として扱われそうな中学生の自殺事件が、「校内暴力の犠牲に」といった論調で語られている事例が散見される。解釈のフレームが替わるというのは、つまりはこういうことなのである。

ともあれ、このようにして一九八〇年代も半ば以降は、「いじめ」問題が新たな学校問題としての解釈枠組みを引き継いでいくことになる。そしてこのフレームは、それ以降も一〇年ほどの周期で、注目される自殺事例をきっかけに問題が再燃されることを繰り返しながら現在に至っているのである。

学校不信の背景

このように一九八〇年代は、「校内暴力」から「いじめ」問題、そして後述する「登校拒否」問題など、さまざまな学校問題が次々に生起した時期であった。ここで重要なのは、このような病理現象を、この当時における学校教育そのものの機能不全によって引き起こされたものとして捉える認識が、社会的に広く共有されていたことである。手近なところで新聞記事から引用すると、たとえば次のような記述のスタイルはその典型と言えるだろう。

受験、進学の重圧が加わり、同世代の仲間といっても表面だけの関係で、相手への思いやりとか、連帯感とか友情の育たないふん囲気が支配的だ。

お互いに相手をけなすことしかない学校という社会の中で、受験競争からはみ出し、とり残された生徒たちは、登校の意味を暴力に訴える形で見つけ出そうとする。彼らの発想の根底には、存在を示す自己主張があるといえる。

その点を抑えてかからない限り、校内暴力の問題は解決しそうにない。(「社説　校内暴力にどう立ち向かうか」『毎日新聞』一九八〇年一〇月五日)

事件を起こした生徒たちの背後に、「自分も暴れたくなるときがある」とつぶやく多数の中学生がいる事実は、いくつかの調査で実証されている。いま、とりわけ中学生が、学校を憎んでいるのだ。それが、高校入試に向けての成績至上主義と、無理を承知でその体制を貫徹しようとする管理主義からきていることは、もう明白といえよう。（「社説　その場しのぎ通じぬ校内暴力」『朝日新聞』一九八一年八月二七日）

なぜ、暴力が横行するか。その背景は単純ではないが、根は偏差値教育にあると断じたい。学歴志向の風潮の中で、学校は偏差値工場と化している。一教師、一学校の意思を超えて、現実という巨大な歯車は回転する。教師の多くは、苦悩に満ちた職工たらざるを得ない現実である。ここに教育は存在しない。（「校内暴力の根を断て」『朝日新聞』一九八三年三月一日）

学校はすっかり偏差値偏重の教育に毒されてしまっており、厳しい受験体制のもとで多くの生徒たちがその重圧に苦しみ、またある者は「落ちこぼれ」の烙印を押され、競争から取り残された疎外状況に陥っているというわけである。いわゆる「偏差値教育」批判はすでに七〇年代には始まっていたが、それを核にしながら、学校教育に対する厳しいまなざしは、あたかも雪山の斜面を転がる雪玉のようにして膨らんでいったのだった。このように当該期における教育問題は、個々の家庭や社会状況にその原因が求められる以上に、学校教育そのもののひずみの現れとして解釈される傾向にあったと言える。

前記の構築主義的な観点で捉えるなら、このような原因論までも含めて、ひとつの解釈枠組みにほかならないのであるが、ここではしかし、このような状況認識が広く受け入れられることになった時代背景にこそ注目しておくことにしたい。このような「学校不信」とも言うべき状況は、それだけ学校教育が数多くの人びとの生活の中に大きな位置を占めることになったことの裏返しであったと言えるだろう。重要な前提として押さえておかなければならないのは、この時期にはそもそも、日本の学校教育はかつてない新しいステージに到達していたという事実である。

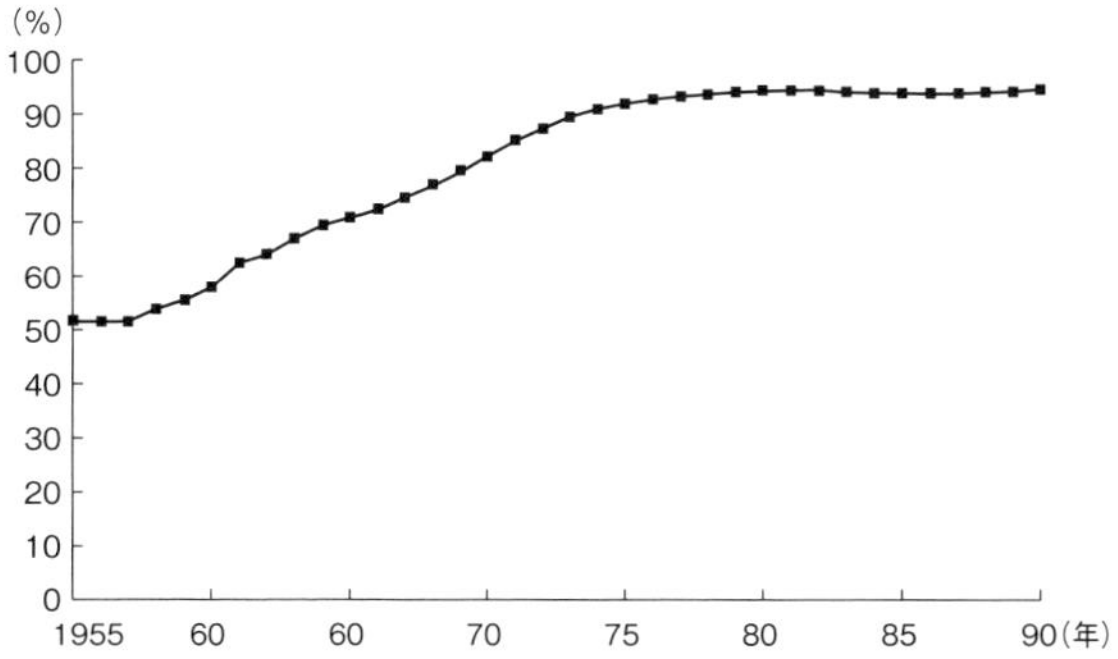

出典）文部省『学校基本調査』より作成。
図3－3　高等学校進学率の推移

図3－3にある通り、一九五〇年代半ばには五〇％強程度だった高校進学率は、その後の高度経済成長期を通して急上昇し、早くも七〇年代半ばには九〇％超に到達している。高校教育はきわめて短期間のうちに準義務教育的な存在へと変貌していたのだった。かくして、少し以前までは「進学するかどうか」という選択の対象であった高校進学機会が、「進学して当たり前のこと」「進学しなければならないもの」になってしまっていた。他方で日本の高校は学校単位でトラック化されており、つまりは選抜制度を介した序列的な構造にあったため、ここに一定年齢層のほぼ全員が、高校進学時点で何らかの形で選抜を経験しなければならない事態が生起することになったわけである。前述の「偏差値教育」認識も、こうした状況を前提とするものにほかならなかった。

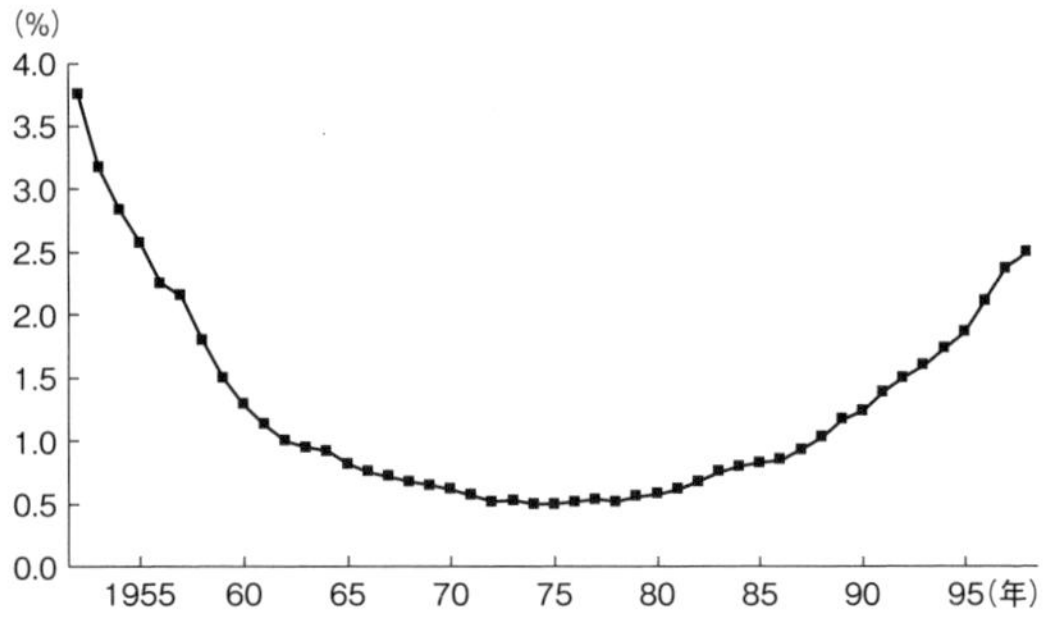

注）年間50日以上欠席者の比率。
出典）『公立小学校・中学校長期欠席児童生徒調査』（1952–58年）ならびに『学校基本調査』（1959年以降）より作成。

図3－4　中学校における長期欠席率の推移

これはたしかに、日本社会がかつて経験したことのない新しい状況であったと言えるだろう。本書の第2章では、一九一〇〜二〇年代において小学校から中等諸学校への進学時点における競争の過熱ぶりが社会問題化した状況について取り上げたが、その頃の中等教育進学率はせいぜい一〇％程度にすぎない。現時点から眺めると、社会問題とは言っても、それはまだまだずいぶんと限られた社会的範囲内での出来事であったと言える。それに対して戦後のこの局面においては、実際にそれに関与する人員の範囲は格段に広がり、苅谷（一九九五）の言う「大衆教育社会」状況が生まれていた。かつてない規模で、学校教育の動向が社会的な関心事とされる状況にあったわけである。

学校教育の第二の完成期

このようにみてくると、一九八〇年代に入る頃には日本の学校教育は、ある種の完成段階の域に到達していたと言えるのかもしれない。戦前における初等教育＝小学校の義務就学の完成が日本の学校教育の最初の完成の局面であったとするなら、戦後の中等教育＝高等学校の準義務教育化は第二の完成ということになるだろう。

それを「完成」と呼ぶのはもちろん比喩表現にすぎないが、このような時代把握は、あながち的外れな措定でもないように思われる。その論拠として、前出の高校進学率以外のデータも紹介しておくことにしたい。図３－４に挙げたのは、戦後の中学校における長期欠席者率の動向である。

その経時的な推移がU字カーブを描くことは、よく知られているところである。周知の通り、戦後の学制改革によって新たに発足した新制中学校は、小学校に続く義務教育段階として位置づけられ、その就学率は当初から九九％を超えていたが、実際には多数の長期欠席生徒を含んだ状態からのスタートだった。長期欠席の直接的な原因は当人の就労や怠学、親の無理解などであるが、それらも含めて、要するにその主要な背景は社会の貧困問題であったと言える。

しかしながら高度経済成長期以降、こうした状況は大きく改善されていくことになる。そしてこうした推移が一定の極点に到達したのが一九七〇年代半ばのことであった。それはつまり、誰もが学校に通うことが当たり前の状態になった段階と言える。本書がこの時期を学校教育の「完成期」と呼ぶ所以である。

それは裏返すなら、学校に来ないことが異常な事態として人々の目に映りはじめた局面でもあったと言える。学校に出て来ることが当たり前だからこそ、来ないことの問題性がいや増すことになるわけで、それがいわゆる「登校拒否」問題である。すでに一九五〇～六〇年代には精神科医らによって病理的事態としてそれは「発見」されていたが、この「登校拒否」に対して文部省が具体的な対策を始めたのは一九七〇年代のことである（保坂二〇一九）。身体上の病気や貧困などの客観的な阻害要因がないにもかかわらず、学校に行かない／行けない子供の存在に対して、それを精神医学的な「治療」の対象として捉える新しい解釈枠組みがこうして生まれてくることになった。

そして注目されるのは、当初は子供の内面や親子関係などに由来する病理現象と見られていたこの問題から、やがてその視点のポイントが大きく転換されていったことである。一九八〇年代半ば以降から徐々に、子供の側の病理としてではなく、子供が登校できないような学校の側にこそ問題があるとする見方へのシフトが起こっていくのである（加藤二〇一二）。

当人にその責任を帰するかのようなニュアンスを含む「登校拒否」という表現が忌避されるようになり、より中立的な「不登校」という表現へと置き換わって行ったのもそのためで、かくして「校内暴力」や「いじめ」と同じように、「登校拒否＝不登校」現象もまた、学校教育の失敗を証拠づける材料の一部として組み込まれていくことになる。さらには現実があたかも、こうした認識を追認していくかのようにして、いったん底を打っていた長期欠席者率は再び上昇し始め、こうして前出のU字カーブが現出することになるのである。

このように、さまざまな学校問題が噴出した一九八〇年代は、一面において、むしろ学校的秩序の社会的な正統性が一定のピークに到達した直後の局面でもあった。ピークに達したからこそ、そこから離脱するような事象の病理的なイメージはいや増すことになったのだった。

それにしても、このような状況は一九一〇年代のそれとよく似ていたと言えないだろうか。学校教育が完成の段階を迎えると、社会的な感度は、一転してそのひずみのほうに向かうようになる。学校教育のはらむ競争主義や画一的性格が批判され、そして「個性尊重」を希求する社会的な空気が急速に充満してくる。『窓ぎわのトットちゃん』のブームは、まさにこのような社会的な文脈のうえで起こった出来事であった。そしてこんどは「個性重視」を標榜する教育改革がそれに続くことになるのである。

3　教育改革の時代

臨時教育審議会

こうして教育改革の季節がやってくる。総理大臣の諮問機関という形で、教育改革をテーマに有識者による討議が行われた臨時教育審議会（以下、「臨教審」と略記する）が開設されたのは、一九八四年（昭和五九）九月のことだった。

ここであらためてその概要を確認しておくことにすると、この臨教審は、同年に成立した臨時教育審議会設置法に基づき総理府に設置されている。教育政策に関わる審議会組織としては、通常は中央教育審議会（以下、「中教審」と略記する）をはじめとする文部大臣の諮問機関がその役割を担ってきたが、「戦後政治の総決算」の一環としての「戦後教育の見直し」を掲げる中曽根康弘首相の強いイニシアティブのもと、文部大臣ではなく総理大臣直属の諮問機関としてそれは特別に設置されたのだった。前節で確認してきた通り、校内暴力やいじめ、登校拒否などの話題が大きな社会問題となっていた社会的背景もあり、またそれを意識した政府側の演出も奏功して、国民的な改革ムードは大いに盛り上がって行ったのだった。

総理大臣からの諮問内容は、「我が国における社会の変化及び文化の発展に対応する教育の実現を期して各般にわたる施策に関し必要な改革を図るための基本施策について」である。設置法では三年間の年限が定められ、その間、前記の中教審は休眠状態に置かれている。構成メンバーとして二五名の委員と二〇名の専門委員が任命され、第一から第四の部会に分かれて審議が進められた。部会ごとのテーマ構成は、「二十一世紀を展望した教育の在り方」（第一部会）、「社会の教育諸機能の活性化」（第二部会）、「初等中等教育の改革」（第三部会）、「高等教育の改革」（第四部会）である。そして八七年までの間に四次にわたる答申を行って閉幕している。

最終答申（一九八七年八月）では、「二一世紀のための教育の目標の実現に向けて、教育の現状を踏まえ、時代の進展に対応し得る教育の改革を推進するための基本的な考え方」が示されたが、このとき「生涯学習体系への移行」と「変化への対応」と並んで、提示された三点のうちのひとつが「個性重視の原則」であった。同答申内において、その概要は次のように説明されている。

今次教育改革において最も重要なことは、これまでの我が国の根深い病弊である画一性、硬直性、閉鎖性を打破して、個人の尊厳、個性の尊重、自由、自律、自己責任の原則、すなわち「個性重視の原則」を確立することである。この「個性重視の原則」に照らし、教育の内容、方法、制度、政策など教育の全分野について抜本的に見直していかなければならない。

（臨時教育審議会編一九八八、二七八頁）


これまでの我が国の「根深い病弊」が「画一性、硬直性、閉鎖性」にあったことを指摘したうえで、「個性」の語はそれらの対概念として配置されていることが確認できる。この「個性重視の原則」は、すでに第一次答申（一九八五年六月）の段階から登場しており、「今次教育改革で最も重視されなければならないものとして、他のすべてを通ずる基本的な原則」であるとの位置づけが明記されていたが（臨時教育審議会編一九八八、一二頁）、このスタンスが最終答申まで貫かれたことになる。つまりは注目を集めたこの審議会の、基本的方向性を象徴的に示すフレーズとして据えられたのが、まさしくこの「個性」の語だったわけである。

原型としての「教育の自由化」論

ただし、このスタンスはまったくのスタート段階から一貫していたというわけではなかった。第一次答申の中に初めてこのフレーズが登場してくることになった経緯については、よく知られているところである。すなわち、「教育の自由化」論がその原型だった。

学校教育が硬直化、画一化していることこそが今日の教育荒廃の根本原因であるという状況認識のもと、そこに競争原理を導入して、学校教育を活性化させようというのがこの主張の骨子である。より具体的には、規制緩和によって特色ある学校設立を可能にし、通学区域制限を緩和して利用者の選択の幅を広げ、また飛び級の制度を導入して進級システムをより柔軟なものにしていく、などの施策が構想されていた。

ざっくりと要約するなら、そこで目標とされたのは、誰もが自由に学校を設立することが可能で、そして誰もが自由に学校を選べる状況を実現させることであった。個性を封殺する画一的な教育の対極にある理想状態として、「選べる」ことの価値が大いに喧伝されたのである。

この「教育の自由化」論はそもそも、中曽根内閣によって推進された「新自由主義」と呼ばれる経済政策の延長線上に位置づく経営モデルだったと言うことができる。いわゆる「小さな政府」を指向し、大幅な規制緩和や市場原理の導入によって、財政規模を縮小化させながら経済活動の活性化を図るという発想がそれであり、実際にこの内閣は、行財政改革の一環として、電電公社・専売公社・国鉄という三公社の民営化を実現させている。要するに臨教審はこれと同じ政策理念の、いわば教育版としての一面を有していたことになる。

この「自由化」論こそは、臨教審における論議の大きな底流をなすものであった。それまでは文部大臣の諮問機関である中教審のもとでの政策論議が、既存の教育体制を前提とした改革案の提示に留まりがちであったのに対して、臨教審の場合はそうした思考様式からは比較的自由で、そのため極論をも含んだ大胆な改革案が示される傾向にあったと言える。当時「中曽根ブレーン」と呼ばれた、首相に近い立場の委員からは、当初段階では学校の民営化や学習塾の私立学校としての認可までもが主張されていた。

しかしながら、結果的に公教育の解体論にも通じかねないこうした発想にはやはり反発も大きく、とりわけ教育行政をつかさどる文部省としてはとうてい容認できるものではなかったわけで、その是非をめぐって審議会内外で激しい攻防が繰り広げられることになった。自由化の推進に前向きな第一部会とそれに対抗する第三部会のあいだに激しいやりとりが展開されたことが知られているが、やがて答申をまとめるにあたって、審議会内部の膠着状態の打開策として、「自由化」という表現の別の言葉への置き換えが模索され始めるのである。

そこでまず提示されたのは「個性主義」という言葉であった。この言い換えに関して「自由化」推進派の委員からは「わが国ではまだ自由という言葉が無規律、放縦という意味に解釈されがちだから」という説明がなされているが、それは批判派に対する表現の上での譲歩であったとも言えるだろう。しかしこの「個性主義」という表現も、自民党や文部省から、内容があいまい、具体的イメージが明確でない、などの批判や不満の声があがり、第一次答申の提出直前になって急ごしらえでその文言が改められることになった。その結果が、くだんの「個性重視の原則」である。

ここで最終的な落としどころとして「個性」の語を配したスローガンが掲げられたことは、世論的な支持を取り付けるうえで、結果としてきわめて巧妙な着地点であったと言えるだろう。本書では何度も言及してきた通り、「個性尊重」といった類の常套句は、それまでの教育思潮的な裏付けを含みつつ、社会的にも広く受容されてきた感性にほかならないからである。なるほど

「個性重視」なら、表立っては誰も異を唱えることはなかったはずである。

ちなみにこのような大衆迎合的な姿勢は、そもそもが臨教審そのものの体質であったとも言える。その生みの親である中曽根首相が、あからさまなイメージ戦略を駆使した、ポピュリズム的な政治手法を多用する政治家であったことは知られている通りであるが、佐藤卓己が言うように、この政権下では諮問機関の存在自体が世論喚起のためのニュース製造機の役割を果たしていた。四回の答申は、「その内容よりも答申のタイミングが重要だった。臨教審の第一次答申は一九八五年東京都議会選挙、第二次答申は一九八六年衆参同日選挙、第三次答申は一九八七年春の統一地方選挙という政治日程に照準が合わせられていた」（佐藤二〇〇八、二六七頁）のである。

というより、審議会答申をわざわざ四回に分けて行うという逐次答申の方式が採用されたこと自体がある種の政治的思惑を投影していたというべきで、そのこともまた審議の行く末に混乱をもたらす一因となったという指摘もなされている。「答申に迫られて、部分的な議論を繰り返し、あとでその整合性をつけるのに苦心した。教育改革を貫く哲学など求めようもなかった」（原田一九八八、九四頁）というわけである。

ともあれ、以上の通り臨教審内部において「教育の自由化」論がまずは「個性主義」へとすり替わり、そして最終的に「個性重視の原則」へと転じていった。こうして「個性」の語は、新自由主義教育改革を体現する魔法の呪文となっていったのだった。ここには、戦前の「個性尊重」訓令の時とよく似た構図が垣間見えるようにも思われる。大仰に言うなら、それは「個性」の語にまつわる価値的イメージの巧妙な政治利用にほかならなかったのである。

「個性」の多義的用法による混乱

いま「巧妙な」と書いたが、それはしかし、あくまで表層上の話である。前述のような経緯のゆえに、臨教審答申における「個性」の語が理念としての粗さを含んでいたことは、ある意味で当然のことであった。少なくとも教育界における伝統的な用法からするなら、そこには明らかに異質なものが含まれていたと言わなければならない。

その大きな特徴のひとつは、「個性」の語が個人レベルと同時に集団や組織レベルに対しても適用されていたことであった。具体的には、「日本文化の個性」「個性豊かな学校づくり」「個性的な入学者選抜」などの用例がそれである。

なるほど一般的な用法としては、この概念が集団や、さらにはモノに対して適用されることは決してあり得ないわけではないだろう。実際に教育関係でも、たとえば改正前の教育基本法の前文中にみえる「個性ゆたかな文化の創造」のような用例もないわけではなかった。しかし、児童中心主義を思想的なバックボーンとする新教育的な文脈における「個性」とは、第一義的には個人レベルに対して適用されてきたものであって、それ以外への拡張はやはり異例というべきであろう。じつは第一次答申の中には、「個性とは、個人の個性のみならず、家庭、学校、地域、企業、国家、文化、時代の個性をも意味している」（臨時教育審議会編一九八八、一二頁）のだと、わざわざ言いわけのような断り書きが添えられており、おそらく当事者たち自身にとっても、こうした語法の据わりの悪さは当初から半ば自覚化されていたのではなかったかと察せられる。

こうした事態は一面においては、前述の通り「個性」の語の採用が、もともとが「教育の自由化」からの言い換えとして出発したことの必然的な帰結でもあったと言える。特にそれが学校組織レベルに対して適用される場合がそうである。規制緩和によって競争原理を導入し、各学校がそれぞれの特色を競い合う姿を想定したうえで、答申はそうした特色のことを「学校の個性」と呼んでいるのである。素直に「学校の特色」のままでよさそうなものだが、「個性重視の原則」を掲げた以上、なんとしてもそれは「学校の個性」でなければならなかったのだろう。

このように同じ答申の中でも「個性」の語が場面によって、個人レベルで使われたり（「子どもの多様な個性」など）、集団レベルで使われたり（「日本文化の個性」など）、あるいは明確に特に学校に対して使われたり（「学校教育の充実、個性化」など）と、このように多義的に用いられているという混乱は、当時から教育学者をはじめとする識者たちによって厳しく論難されていた（乾一九八七など）。

もちろん「個性」の語は、それ以前からも多義的に使われるきらいはあった。しかしそれは、それを語る人物によって、またその人物の置かれた立場によって異なる規定のされ方がなされていたという意味である。それに対して、ひとつの政策文書の中で、鍵となる概念が、場面によって異なる意味内容で使われているというのはたしかに尋常とは言い難い。少なくとも混乱をもたらすものであったことは確かであって、場合によっては内容的な矛盾をも含むことになった。ここではそうした問題点の指摘として、市川昭午による議論を挙げておくことにしたい。

市川は、個人の個性と集団の個性とは同じではないこと、また、そればかりか両者はしばしば矛盾するものであることに注意を促している。なぜなら「個性の強い集団は構成員が均質な場合が多いし、構成員が没個性的であるほど集団としての個性が強い場合が少なくないからである」(市川一九九五、二三八頁)。そしてそのことは、当然のことながら生徒の個性と学校の個性との関係性においても当てはまる。個性的な学校が、必ずしも生徒の個性を重視するとは限らないわけで、特色のある学校ほど、独特の校風になじませるために普通の学校以上に生徒の個性を抑えなければならないことも起こり得る。このように、答申が提示している拡張化された「個性」追求は、現実には両立し難いというのが市川による批判の骨子であった。

「尊重」と「重視」の間

臨教審における「個性」把握をめぐる問題点については、ほかにも様々に論じられてきた。とりわけ市川は前記の内容以外にもきわめて説得的な議論を展開しているが、その紹介はひとまずこのくらいにして、個性概念の社会的沿革に照準する本書の立場からは、最後にひとつだけ、「個性」それ自体の変質に関わる論点を付け加えておくことにしたい。ここで論じておきたいのは、臨教審答申の文言が「個性尊重」ではなく「個性重視」であったことの社会的な意味についてである。

というのも、同じ「個性」を扱った一九二七年の文部省訓令がまさしくそうであったように、教育学的に伝統的なターミノロジーに従うなら、個性はまずもって「尊重」されるべきものであった。ところが、一九八〇年代の臨教審が掲げたのは、個性の「重視」である。もちろん、それ以前に「個性重視」という表現が使われているケースもなかったわけではないが、少なくとも教育界における語法のスタンダードは圧倒的に「尊重」のほうだったと言える。

微妙な言い回しの変化ではあるが、個性概念のこれまでの履歴からすると、これは意外に重要なターニングポイントであったように思われる。というのも、「個性尊重」においては一人ひとりの個性の違いに配慮することが教育的に求められる正しい態度であったのに対して、「個性重視」となると重要なのは「個性そのもの」である。個性に配慮することではなく個性本体が、追求すべき価値的存在へと、いつのまにか昇格してしまっていたのである。

答申の本文中でそのことを最も集約的に示しているように思われるのは、「個性化」という派生語表現の存在である。答申中には、たとえば「学校の個性化」や「高等教育の個性化」などの表現が数多く登場してくる。前述した通り、この文脈においては学校ごとの特色のことを「個性」と呼んでいるのであるが、教育機関をはじめとする個々の主体が、そうした特色のある状態へと進化していくことがここでいう「個性化」であり、答申ではそれこそが日本の教育が追求すべき方向性であるのだと示唆されている。いまや個性的であることが価値であり、そして個性的な状態へと進むことが正しい態度とされることになったのである。

なお、内閣主導の教育改革に対して当初は非協力的と思われていた文部省も、臨教審の閉幕後は、同答申の方向性に沿った教育政策を次々に繰り出していくことになる。そしてこの「個性化」路線こそは、臨教審以後の教育界における支配的潮流となっていくのである。

このように一九八〇年代の教育改革を語る言葉の中で、「個性」の語は従来型の教育学的な語法からは少しずつずれ出していた。これはひとつには、臨教審の委員の構成から教育関係者が意図的に排除されたことの効果でもあっただろうが、しかし次章で確認していく通り、社会全体がすでにそういうモードに進みつつあったということでもあったろう。日本社会はたしかに「個性化」の時代を迎えようとしていたのである。

第4章

「個性化」の誘惑——差異化のレトリック

1　消費社会の中の「個性」

『なんとなく、クリスタル』

『窓ぎわのトットちゃん』が空前のヒットとなった一九八一（昭和五六）年に、書籍売り上げにおいて年間ベストセラーの第二位につけたのは、田中康夫著の小説『なんとなく、クリスタル』（河出書房新社、一九八一年）であった（図4－1）。のちに長野県知事などを歴任することになる著者であるが、同書はその小説家としてのデビュー作であり、発表当時は一橋大学に在学中の学生だった。この作品は一九八〇年の文藝賞を受賞し、そして翌年には、受賞は逃したものの芥川賞候補にも選ばれている。戦後最大部数と言われる『窓ぎわのトットちゃん』の年間四三〇万部にはさすがに及ばないとはいえ、それでも堂々のミリオンセラーである。同書からは「クリスタル族」という新語も生まれ、また映画化もされ、やはり社会現象と言えるほどのブームが引き起こされている。

いささか唐突に思われたかもしれないが、本章をまずこの話題から書き起こしたことには理由がある。一見したところまったく異質なジャンルの読み物ながら、『窓ぎわのトットちゃん』と『なんとなく、クリスタル』という二つの作品が同じ年にベストセラーとなったことは、画一性の時代からの離脱という一点において、じつは奥深いところで通底する出来事であったように思われるからである。一方は新教育的な文脈において、そして他方は消費社会論的な意味合いでもって、いずれもが共に「個性化」時代の幕開けを、ねじれた形で象徴していたのではなかっただろうか。

ここでごく簡単に『なんとなく、クリスタル』の概要を紹介しておくことにしよう。同書の主人公は、ファッションモデルのアルバイトをしながら都心の大学に通う女子大学生・由利である。由利は、海外勤務の両親から離れて、青山の高級マンションで年上のボーイフレンドと同棲生活を送っている。もっとも由利にしてみれば、都会の片隅で二人が肌すりよせながら暮らしているかのようなイメージのある「同棲」という言葉は決して好きではなく、彼らのそれは互いに経済的にも独立した、束縛のない「共棲」生活だというのだが、ともあれ、そんな彼女が日々実践しているのは「なんとなく気分のいい、クリスタルな生き方」である。「なんとなく気分のよいものを、買ったり、着たり、食べたりする。そして、なんとなく気分のよい音楽を聴いて、なんとなく気分のよいところへ散歩しに行ったり、遊びに行ったりする」（田中二〇一三、二二二頁）。同書の中では、由利を中心とする若者たちの、そうした都会的で優雅な日常が描かれていく。

図4－1　田中康夫『なんとなく、クリスタル』（河出書房新社、1981年）

しかし同書の刊行当時、その筋立て以上に話題を集めたのは、本文中に登場する東京都内の地名や大学名、ファッションブランド、アーティスト、レストラン、聞き慣れないカタカナ語などに対して、一つひとつ著者の独自の視点からそれらを解説した註が添えられていたことである。その数は全部で四四二個にも及んでおり、その総体はあたかも、当時における都市生活ガイドのような様相を呈していた。同じ頃、『ａｎａｎ』（一九七〇年創刊）や『ｎｏｎ－ｎｏ』（一九七一年創刊）といった女性誌や、『宝島』（一九七三年創刊）、『ポパイ』（１９７６年創刊）、『ブルータス』（一九八〇年創刊）といった若者向けのサブカルチャー誌が売り上げを伸ばしており、これらの出版物によって広く浸透し始めていた商品カタログ文化と、それはきわめて親和的なものを含んでいたと言える。つまり同書の全体を通して表出されていたのは、凡庸さを忌避し、趣味の良さをひたすら追求しようとする消費社会の感性であった。そしてこうした感性は、後述する通り、消費活動を通じた人々の差異化の欲望と結びつくことによって「個性」の自己演出を帰結するものだったと言える。

もちろん主人公自身の感覚からするなら、それは快適な生活をただ純粋に希求しているだけのことだったろう。しかし、そうした無自覚の認識構造そのものが実に消費社会的特徴の一部というべきである。一九八〇年代の日本社会は、まさしくそうした段階に到達しつつあったわけで、高度経済成長期を経て、欧米社会へのキャッチアップを完了し、国民全体の生活水準は大きく底上げされた。というよりむしろ、日本経済の状況はそれにも増して好調だった。エズラ・ヴォーゲル著の『ジャパン アズ ナンバーワン』が刊行されたのが一九七九年である。米国に次ぐ世界第二位の経済大国として、日本社会はひとつの隆盛を極めようとしていたのだった。

ちなみにこの点に関しては、『窓ぎわのトットちゃん』と『なんとなく、クリスタル』のいずれも、そこで描かれていたのは富裕層の生活スタイルだったという共通点を指摘することも可能である。このように言うと、少なからず違和感を覚える向きもあるかもしれない。後者はともかくとして、前者に関してはおそらく日本社会がまだ貧しかった頃の物語というイメージがあるだろうからである。たしかにそこでは戦時下のモノ不足の状況などが描かれてはいたが、しかしながらトットちゃん自身はいわゆる良家の子女であって、トモエ学園にしても必ずしも庶民の学校というわけではなかった。

同書がベストセラーとなった当時、そのことを鋭く指摘していたのは、黒柳とは師弟関係でもあった劇作家・飯沢匡《ただす》である。飯沢は、もしこの本が十数年前に出ていたとしたら、「なんてキザなんだ、と反発を買っただけだったろう」と述べて、同書が多くの読者に支持された理由のひとつに「山の手文化の定着」を挙げていた（『朝日新聞』一九八二年一〇月一一日）。なるほど一九八〇年代の日本社会は、一般の生活水準がそれだけ向上し、ヴァイオリンやシェパード犬やスキー旅行などで彩られた生活環境が、多くの人々に違和感なく受け入れられるような状況になっていたと言える。

つまりはこの時期、学校教育が完成期を迎えていたというのとよく似た意味で、日本社会そのものがある種のピークに到達していたわけである。豊かで平等な、しかし均質で画一的な生活環境が一定程度行きわたったところで、社会全体が一転してこんどは「個性化」を求める状況が生まれつつあったことになる。

ボードリヤールの消費社会論

さて、ここでいう消費社会とは、産業の高度化に伴い、生産活動よりも人々の消費行動によってもたらされる構造的特質が顕著化した段階の社会状況を表現した概念であるが、そのことに関する代表的な議論といえば、いうまでもなくジャン・ボードリヤール『消費社会の神話と構造』(**Baudrillard 1970**)である。以下、「個性」論としての観点から、あらためて彼の所論について振り返っておくことにしよう。

ボードリヤールの議論の要諦は、つまるところ差異をめぐる人々の欲望についての解析学である。高度大衆消費段階に到達した社会では、消費を通じた欲望が解き放たれ、産業の独占的集中のもとで現実的差異が消失してゆくがゆえにこそ、かえって差異の崇拝が起こるのだという。一定程度にまで進行した画一化、均質化のいわば反作用として、スタイルや地位を表示するためのわずかな差異が、人々の追求すべき欲望の対象として浮上し始めるのである。

そしてこの文脈において、ここでいう「差異」は、そのまま「個性」へと置き換え可能であることは言うまでもない。ボードリヤールに言わせると、「個性化」に向けた努力は、個性喪失の時代の個性再創造の企てにほかならない。そして、そうした感性に対して強く訴えかけてくるのが、商品の宣伝文句の数々である。

たとえばメルセデス・ベンツは、消費者に向けて七六色六九七種類の内装を用意して、「個性的な好みと欲望をきっと満足させられるにちがいありません」と謳いあげる。そしてヘアカラーの広告は、「自分の個性を発見してそれを発揮すること、それは本当に自分だけの楽しみを発見することです」と、髪の色を少しだけ変えることで「今までよりずっと本当の私に」なることを提案してくるのである。

しかしながら彼のみるところ、このように「個性化された」ナルシシズムはまったくもって矛盾に満ちている。自分自身で選んだ理想を追求しているつもりであったとしても、ここで「本当の自分」を実現しようとする営みは、結局のところ、集団の命令に対して最も忠実に従っているにすぎず、「押し付けられた」モデルに最も接近していることにほかならないからである。「消費社会における個人のナルシシズムは独自性の享受ではなくて、集団的特性の屈折した姿である。とはいえ、それは「最小限界差異」を通じて、常に自分自身への自己陶酔的熱中のかたちで現れる」（Baudrillard 訳書二〇一五、一四五頁）。

このようなボードリヤールの議論に従うなら、「個性的であること」が価値となり、人々がこぞってその追求を図ろうとする事態は、消費社会下における差異崇拝の現われということになるだろう。我々は前章において、臨教審答申の中に「個性重視の原則」が打ち出された経過について確認したが、その動きは他方では、消費社会化の進展に呼応する事態でもあったわけである。

一九八〇年代の日本社会は、たんに教育界のみならず、そもそもが社会全体的なレベルにおいて「個性」が召喚される条件が整いつつあったと言える。実際のところ、臨教審における「自由化」論自体、学校教育をその利用者＝消費者に対する「サービス」として見立てる観点を内包するものであったから、なるほどそのスタンスは「消費社会的」だったとも言える。学校が提供するサービスが商品であるのだとすると、消費者にとってそれは「選べる」ものであるべきだし、また「選ばれる」存在であるためには、それぞれの学校の「個性化」が図られなければならない、という論理がそこには伏在していたのだった。

はたしてこのような「消費社会」という切り口だけでもって、この時期の状況が十全に説明し尽くせるものであるかどうかわからないが、ともあれ画一性を嫌悪し、差異をこそ価値あるものとして追求する空気が、社会全体的な規模で充満していたことはたしかだろう。そして「個性」をめぐる語りは、まさしくそうした社会的要請に適合するようなかたちで機能していたと言える。

ここでは、このような個性言説の機能を指して「差異化のレトリック」と呼ぶことにしたい。一九八〇～九〇年代を中心とする二度目の個性ブームは、ひとえにこの「差異化のレトリック」が前景化していった局面として理解していくことができるはずである。

強迫観念化する「個性」

さて、このような消費社会下における「個性」の氾濫をめぐる状況については、これまで少なからぬ数の論者によってさまざまに論じられてきたが、その中でも本書の観点から特に注目しておきたいのは、一九八〇年代以降の若者文化をめぐる議論である。そこで指摘されてきたのは、個性の追求が若者たちにとっての強迫観念に転じてしまっているという事態であり、そしてそこにはらまれた病理的な症状の数々であった。

たとえば浅野智彦は、女性誌『ａｎａｎ』が、一九八〇年代初頭以降、スターのようになることではなく、個性的であること、自分らしくあることを称揚する語り方を打ち出していった変化を指摘したうえで、その特徴について次のように論じている。

『ａｎａｎ』における個性の追求は二つの一見相反する語り方を接続することによって成り立っていた。一つは、「誰もが個性を持っている」という語り方。もう一つは、「あなたが個性と思っているものはほんとうの個性ではないかもしれない」という語り方だ。前者は個性への信仰を高めるものであり、後者は現に手にしている（と信じられている）個性を懐疑するものである。この二つが接続されることによって、「たしかに存在するはずの、しかしまだ手にしていない個性」をはてしなく探求し続けるように人々を促す誘惑あるいは強迫が生み出される。（浅野二〇一五、六九頁）

そしてこのように「個性的なるもの」へと人々を駆り立てる空気は、九〇年代以降も広く社会に浸透していくことになる。もちろん直接的に「個性」とは謳っていなくとも、「自分らしさ」や「自分探し」、「かけがえのない自分」、「キャラ（が立つ）」といった表現の数々は、その派生的表現のバリエーションとみるべきであって、これらの表現の流行は、なるほど「個性」を志向する感受性の拡がりを投影したものであったろう。

浅野は、このような時代の空気を象徴している出来事として、アイドルグループのＳＭＡＰが歌った「世界に一つだけの花」のヒット（二〇〇三年）を挙げている。そこで歌われた「NO.1に

ならなくてもいい　もともと特別なOnly one」という歌詞メッセージは、浅野に言わせると、「「花屋の店先に並んだいろんな花」の話なのだから、そもそも厳しい競争を経て選び抜かれたエリートたちがそれぞれの才能を思い切り発揮するという歌と見ることもできる」（浅野二〇一五、八二頁）わけだが、一般にはもちろん、そうは受け取られなかった。無用な競争を回避し、ひたすら「自分らしさ」を追求する価値観として受容されていくのである。

臨教審答申に連なる、その後の「個性化」路線と呼ばれる教育政策の方向性は、こうした価値観に対して親和的に作用するものでもあったことは言うまでもない。このような「個性化」の要請を生徒たち自身が深く内面化していくならば、果たしてどんな結末が待ち受けることになるだろうか。浅野はそこに、「勉強だけが人生じゃない」という一面的なメッセージを受け取り、学校的な価値観から安易に離脱する若者たちの態度が生み出されてしまった可能性を指摘している（浅野二〇一五、八二頁）。

同様の批判は他にもある。前出の市川昭午は、臨教審以後の「個性重視の教育」の弊害として、「平凡であってもバランスのとれた性格で真面目に働く人々を、平均的な人間として軽蔑し、偏狭で奇矯な行動をとったり、自堕落な生活をする人々を個性として称賛するような風潮に拍車をかける結果となっている」（市川一九九五、二四四〜二四五頁）と指摘していた。

さらに極限的な状況として、それは少年犯罪の動向にも投影されているとみるのが土井隆義の一連の議論である（土井二〇〇三、二〇一二）。土井は、とりわけ一九九〇年代以降、個性化教育の理念が「心の教育」というもうひとつの教育理念と結びつくことによって、「個性的であること」が子供たちの達成すべき新たな文化目標となったのだと指摘している。ところが、そこで追求される「個性」には「第三者の視点からの客観的な評価というものが存在しない。ただひたすら煽られるだけで、「ここまで到達できればＯＫ」というゴールが見えづらい」（土井二〇一二、九七頁）。つまりそこには、かつて社会学者エミール・デュルケームが語ったところの「無限性の病」としての特徴が看取されるというのである。

かくして子供たちは、決して充足の域に達することのない肥大化した個性化願望を絶えず煽られ続けることになる。しかし現実にはもちろん、個性を発揮し得るだけの特別さに誰もが恵まれているわけではないから、そうした環境の中からは、マイナスの個性に対してまでプラスの価値を見出してしまう倒錯も起こってくる。二〇〇〇年前後に相次いだ少年による凶悪事件（「一七歳の犯罪」と呼ばれた）の社会的な背景は、まさしくそれであったというのが土井の見解である。異常性を帯びた犯罪行為に手を染めることによって、世間から注目されることに至上の快楽を見出そうとしているかのように映る彼らの姿は、若者の個性願望の反転した事態として理解可能だというのである。

以上に見てきた通り、とりわけ一九九〇年代以降のユースカルチャーをめぐる議論の中で指摘されていたのは、「個性的でなければならない」という観念にとり憑かれた若者たちの「個性化」願望のはらむ病理性であった。これらの指摘が妥当なものであったとするなら、ここに生じた事態はたいへん皮肉な状況だったと言わなければならないだろう。と言うのも、そもそも臨教審のもとでの教育改革の文脈においては、学校教育に備わる画一性のもたらす閉塞状況こそがもっぱらの批判対象であって、「個性化」路線はその対抗軸として打ち出されたはずのものであった。しかしながらその個性主義もまた、ふたを開けてみれば別の方面での閉塞状況へとつながっていたことになるからである。

2　学校で「個性」はどう教えられてきたのか

学校カリキュラムとしての「個性」

「個性的でなければならない」という空気が社会を覆い、それが若者層にとってはしばしば強迫的な形で観念化されていったという趨勢をめぐって、いくつかの議論を紹介してきたが、そこで論じられていたのはボードリヤール流の消費社会論の単純な反芻ではなかったことに、あらためて注意を促しておきたい。いずれの論者からもおおむね共通して論及されていたのは、そこに臨教審以後の「個性化」路線と呼ばれる教育政策の動向が共振的に作用していたという可能性であった。学校全体の空気が「個性重視」の方向へと傾斜していく中で、生徒たちが過剰にそれを内面化してしまうという事態の危うさが指摘されていたのである。たしかにこれは重要な論点と言えるだろう。学校で伝達されるべき教育的価値がいかにあるべきかという課題へと、それは深くつながってくるテーマと思われるからである。

とはいえ前出の論者たちの主要な関心は、あくまで若者の生態把握のほうに向けられていた観があり、必ずしも学校教育の中身に対して十分な踏み込みがなされていたわけではなかった。学校教育の影響と言いつつ、どちらかというと臨教審以後の漠然とした学校現場のムード——いわゆる「かくれたカリキュラム」——のことが念頭に置かれているふしもあり、肝心の正規カリキュラムの内容のほうは等閑に付されたままなのである。ここはそもそも臨教審以前の状況までも含めて、対比可能な視座が用意されるべきところであるだろう。すなわち、学校カリキュラムにおいて「個性」がどのように位置づけられてきたのかについての検証作業があらためて必要である。このような関心から、以下では戦後の学習指導要領の「道徳」領域における「個性」の扱いについて詳しく検討していくことにしたい。

学習指導要領とは、いうまでもなく文部省（現・文部科学省）が定める教育課程（カリキュラム）の編成基準であり、一九四七年以降、約一〇年ごとに改訂を繰り返しながら現在に至るが、ここで他の領域を差し置いて特に「道徳」に注目する理由は、それが学校カリキュラムの中でも最もダイレクトに「個性」を扱っている領域と言えるからである。

なるほど学習指導要領の中には他の領域においても、「個性」を「伸ばす」なり「生かす」なりの文言は当初段階から一貫してたびたび登場している。たとえば、すでに一九五八年版の中学校学習指導要領の「総則」中には、「指導計画作成および指導の一般方針」として、「生徒の個人差に留意して指導し、それぞれの生徒の個性や能力をできるだけ伸ばすようにすること」という文言が記されている。あるいは「道徳」と並んで、当初より一貫して「個性」の語が継続的に登場してきた領域として「特別活動」が挙げられる。たとえば小学校では当該領域の「目標」中に「個性の伸長」の文言が示され、また中学校ではその構成要素のひとつである学級活動に関して、その「内容」中に「個性の理解」への言及がなされてきた。

しかし、これらの多くは、主として（教員にとっての）指導の方針や目標としての言及であって、必ずしも教育内容そのものであるとは言い難い。また、たしかに上に挙げた通り「特別活動」には「内容」としての言及もあるのだが、こちらは同領域内で取り上げるべき題材の例示といった観があり、一般の教科のような意味での、児童生徒が修得すべき項目としての性格はいくぶん希薄であることは否めないだろう。

それに対して「道徳」の場合は、当該領域内で教えられるべき内容項目という形での「個性」の扱いはきわめて明瞭である。また、そもそもそれは特設された「道徳の時間」を使って、読み物資料の活用を主たる方法としながら実施されてきたという経緯もあり、その是非はともかくとして、もともと教科的な形態に近いものがあったとも言える。したがって学校カリキュラムとしての「個性」の位置づけを検証していくうえでは、「道徳」領域こそは、最も本質的な部分を構成しているものと考えることができる。

道徳教育の沿革と学習指導要領

具体的な分析の前に、まずはこの話題を扱うにあたっての前提として、学校における道徳教育のこれまでの沿革について、その概要を確認しておくことにしたい。

周知の通り、戦前の学校教育において道徳教育を担った教科は「修身科」であった。そこでは教育勅語の内容に即して編纂された国定教科書が使用されていたが、戦後教育改革によってこの教科は廃止され、これ以後の道徳教育は特定の教科を設けず、社会科をはじめ各教科その他教育活動の全体を通じて行うという、いわゆる全面主義の態勢へと移行する。つまり教科という形での道徳教育は戦後いったん消滅するのであるが、しかしその後、一九五八年の学習指導要領改訂の際に、小・中学校の教育課程の中に新たに「道徳の時間」が特設されることになる。あくまで正式の教科外という位置づけながらも、ここに毎学年毎週一時間相当の〝道徳の授業〟が再開されることになったわけである。ちなみに既述の通り、学習指導要領は一九四七年以降、約一〇年ごとに改訂を繰り返しながら現在に至るのだが、その中に「道徳」についての記載が始まったのはこの一九五八年改訂時以降のことである。

そしてさらに新しい動きとして、道徳が正式の教科として位置づけられることになったのは比較的最近の出来事である。すなわち、二〇一五年の学習指導要領の一部改正等によって「特別の教科　道徳」という形での教科化の道筋が示され（小学校では二〇一八年度、中学校では二〇一九年度より全面実施）、またこれに伴い、他教科と同様の初めての教科書検定も実施されて現在に至っている。

さて、以上の沿革をふまえて、まずは戦前期の国定修身教科書を紐解いてみると、尋常小学校用ならびに高等小学校用の全学年を通して、「個性」をタイトルに含む単元はおろか、本文中にさえこの文言はひとつも登場しないことがひとまず確認できる。もちろん戦前期においても、児童・生徒の「個性尊重」が学校教育における重要テーマであったことは本書の中でも確認してきた通りだが、それは基本的には教師の側にとっての指導上の課題だったのであって、児童・生徒たち自身が直接的に関与するような徳目の類ではなかった。したがって道徳教育のナショナルカリキュラムの中に「個性」が登場してくるのは、あくまで戦後のことということになる。

そこでいよいよ戦後の学習指導要領について詳しく見ていくことになるが、ここでその具体的な検討にあたっては、二つほど留意点について断っておくことにしたい。

まず、これから検討対象としていくのはあくまで教育内容としての「個性」である。学習指導要領の本文は、「第1　目標」、「第2　内容」、「第3　指導計画の作成と内容の取扱い」という三部を基本構成としているが、このうち「第2　内容」の中に、児童生徒に教えられるべき諸項目（以下、「内容項目」とする）が具体的に列記されている。したがって、この内容項目こそが、ここでの中心的な検討対象となる。

そしてもう一点。実際に学習指導要領の通覧作業を始めてみると、その中で「個性」の語が登場してくる文脈としては、二つのタイプを区別して扱っていかなければならないことに気づかされる。すなわち、同じ「個性」をめぐる記述でも、自分自身のそれについて語られている場合と、他者の尊重という文脈で語られている場合という、異なる二つのタイプが存在しているのである。そこで両者に相当する内容項目を、それぞれ「自己の個性伸長に関わる項目」と「他者の個性尊重に関わる項目」として区別して扱っていくことにする。

道徳カリキュラムの中の「個性」①——中学校の場合

以上のような基本方針のもと、現行に至るまでの戦後の中学校の学習指導要領における「個性」記載を整理したのが表4－1である。

既述の通り、「道徳の時間」特設に伴う一九五八年版が戦後では最初の道徳科学習指導要領ということになるが、早くもこの段階で「個性」の語が登場している事実が確認できる。この一九五八年版における道徳の内容項目は、「三つの柱」を設定したうえで、それぞれの柱のもとに全二一項目が配置されているが、そのうち二つ目の柱として「豊かな個性と創造的な生活態度を確立していこう」という文言が示され、さらにその下位項目の中のひとつとして「お互の人格を敬愛しあい、各人の個性や長所を伸ばしあっていくようにしよう」という形で、もういちど「個性」への言及がなされているのである。

これまた既述の通り、戦前の修身国定教科書の中に「個性」についての言及はなかったわけだから、このように戦後早々の段階で、道徳のナショナルカリキュラムの中に「個性」の語が位置づけられていたというのは、それ自体が注目に値する事実というべきだろう。戦前期以来の大正新教育の遺産、もしくはより直接的に「戦後新教育」の空気が、そこには投影されていたということかもしれない。ともあれ、教師ではなく生徒自身が「個性」を扱う主体の側に置かれるという状況が、こうして始まったことになるわけである。

ただし、ここに示された内容項目を、前述の「自己の個性伸長／他者の個性尊重」という区別

表4－1　学習指導要領道徳科の内容項目における「個性」（中学校）

年	自己の個性伸長に関わる項目	他者の個性尊重に関わる項目
1958	2　道徳的な判断力と心情を高め、それを対人関係の中に生かして、豊かな**個性**と創造的な生活態度を確立していこう。 (2) すべての人の人格を尊敬して、自他の特性が、ともに生かされるように努めよう。 人格とは、人はその根本において、お互に自由であり平等であるという自覚から生れたことばである。 人間の尊重とは、現実の人間関係の中において、自分の人格をたいせつにするばかりでなく、他のすべての人格を尊敬していこうとする人間の本性に根ざした精神であって、民主的社会における基本的人権も、この精神によってささえられているものである。 この自覚にたって、お互の人格を敬愛しあい、各人の**個性**や長所を伸ばしあっていくようにしよう。	
1969	（記載なし）	5　相手に対する理解と信頼のうえに立って、異なる考えや立場も尊重し、これらに学ぶ広い気持ちを養う。 (1) ひとそれぞれの**個性**や立場を重んじ、自分と異なる意見や行動にも寛容であろうと努めること。
1977	（記載なし）	5　自分と異なる考えや立場も尊重し、いろいろなものの見方や考え方があることを理解して、他に学ぶ広い心をもつ。 （ひとそれぞれの**個性**や立場を重んじ、自分と異なる意見や行動にも寛容であろうとするとともに、他人の助言や忠告に謙虚に耳を傾けて、これを自己の反省と向上に生かすように努める。）
1989	1　主として自分自身に関すること。 (5) 自らを振り返り自己の向上を図るとともに、**個性**を伸ばして充実した生き方を求めるようにする。	2　主として他の人とのかかわりに関すること。 (5) それぞれの**個性**や立場を尊重し、いろいろなものの見方や考え方があることを理解して、謙虚に他に学ぶ広い心をもつようにする。
1998	1　主として自分自身に関すること。 (5) 自己を見つめ、自己の向上を図るとともに、**個性**を伸ばして充実した生き方を追求する。	2　主として他の人とのかかわりに関すること。 (5) それぞれの**個性**や立場を尊重し、いろいろなものの見方や考え方があることを理解して、謙虚に他に学ぶ広い心をもつ。
2008	1　主として自分自身に関すること。 (5) 自己を見つめ、自己の向上を図るとともに、**個性**を伸ばして充実した生き方を追求する。	2　主として他の人とのかかわりに関すること。 (5) それぞれの**個性**や立場を尊重し、いろいろなものの見方や考え方があることを理解して、寛容の心をもち謙虚に他に学ぶ。
2017	A　主として自分自身に関すること [向上心、**個性**の伸長] 自己を見つめ、自己の向上を図るとともに、**個性**を伸ばして充実した生き方を追求すること。	B　主として人との関わりに関すること [相互理解、寛容] 自分の考えや意見を相手に伝えるとともに、それぞれの**個性**や立場を尊重し、いろいろなものの見方や考え方があることを理解し、寛容の心をもって謙虚に他に学び、自らを高めていくこと。

の観点から眺めてみると、これがなかなか明快には判別し難い。同項目内の文面には「自他の特性が、ともに生かされるように」とか「伸ばしあっていくように」という表現が並んでいることからすると、結局のところ、これは自他の両方にまたがるようなかたちの記述になっていることが特徴と言えそうである。要するにこのあたりの区別は、いまだ曖昧だったということになる。

しかも、こうした形式での内容項目の記載は、次の一九六九年の改訂では根本から大きく刷新されている。一九五八年版にあった「三つの柱」という括りは取り除かれることになり、内容も精選されたうえで新たに一三項目へと整理し直された。この全項目には、それぞれ二つずつの「観点」が示されているが、ここで「個性」の語は五番目の項目内の観点のひとつとして示された中に登場している。「ひとそれぞれの個性や立場を重んじ、自分と異なる意見や行動にも寛容であろうと努めること」とあるのがそれであるが、これは前述の自他の区別からすると、「他者の個性尊重」に関わる内容であることは明白である。つまりこの改訂では、「他者の個性尊重」に関わる内容項目だけが残り、「自己の個性伸長」に関わる項目は、この段階でいったん消失していることになる。

そしてこの状態は、次の改訂となる一九七七年版以降も引き続き踏襲されている。一九七七年版では、内容項目数は一六項目に増え、若干の形式上の変更はなされていたが、「個性」記述に関するかぎり、「ひとそれぞれの個性や立場を重んじ」という核心部分の表現にはまったく変更はない。そして表にみられる通り、中学校ではこれ以後、現行の二〇一七年版に至るまで、「他者の個性尊重」に関わる内容項目が組み込まれる状況は一貫して続いているのである。

しかしながら、我々がここでより注目すべきなのは、もう一方の「自己の個性伸長」に関わる内容項目のほうであるだろう。表にみられる通り、これが明確に学習指導要領の内容項目として位置づけられたのは一九八九年版以降のことである。この改訂では、道徳の内容項目の記載スタイルはふたたび大きく刷新されている。すなわち、「1　主として自分自身に関すること」「2　主として他の人とのかかわりに関すること」「3　主として自然や崇高なものとのかかわりに関すること」「4　主として集団や社会とのかかわりに関すること」という「四つの視点」が設けられたことがこの時の刷新のポイントで、このそれぞれの分類のもとに全部で二二の内容項目が配置されるかたちになった。そして「1　主として自分自身に関すること」内の下位項目のひとつとして、「自らを振り返り自己の向上を図るとともに、個性を伸ばして充実した生き方を求めるようにする」という文言が登場している。これこそは「自己の個性伸長」に関わる内容を規定した項目にほかならない。戦後最初となる一九五八年版の学習指導要領で（自他をまたぐ形ながら）いったんは登場していたものの、その後の改訂で消失してしまっていた「自己の個性伸長」に関わる内容項目が、この時の改訂でもってより明確な形で再登場するのである。

いうまでもなく、この一九八九年版こそは「臨教審後」を受けた最初の改訂にほかならない。したがってこの一連の経緯は、例の「個性重視の原則」の直接的な投影と見ることができる。そしてこの改訂こそは、中学校道徳カリキュラムにおける「個性」の扱いにおいて、重要な画期であったと言えそうである。表4-1に示されている通り、道徳の内容項目を「四つの視点」に分類したうえで、「1　主として自分自身に関すること」の中に「自己の個性伸長」に関わる項目

表4－2　学習指導要領道徳科の内容項目における「個性」(小学校)

年	自己の個性伸長に関わる項目	他者の個性尊重に関わる項目
1958	主として「**個性**の伸長、創造的な生活態度」に関する内容 (18) 自分の特徴を知り、長所を伸ばす。 (低学年においては、他の内容に含めてこの趣旨を生かし、中学年・高学年においては、自分の特徴を知ることや長所を伸ばすことを内容とすることが望ましい。)	(記載なし)
1968	(記載なし)	(記載なし)
1977	(記載なし)	(記載なし)
1989	(記載なし)	(記載なし)
1998	(記載なし)	(記載なし)
2008	(記載なし)	(記載なし)
2017	A　主として自分自身に関すること [**個性**の伸長] 〔第1学年及び第2学年〕 自分の特徴に気付くこと。 〔第3学年及び第4学年〕 自分の特徴に気付き、長所を伸ばすこと。 〔第5学年及び第6学年〕 自分の特徴を知って、短所を改め長所を伸ばすこと。	(記載なし)

が、「2　主として他の人とのかかわりに関すること」の中に「他者の個性尊重」に関わる項目がそれぞれ配置されるという様式が、これ以降、現行の二〇一七年版まで一貫して踏襲されていくことになるからである。

道徳カリキュラムの中の「個性」②
——小学校の場合

中学校と同様に、これまでの小学校の学習指導要領における「個性」記載を整理したのが表4－2である。一瞥してわかる通り、中学校と比べると「個性」の語の登場は格段に少ない。また登場する場面でも、その用語選択はそれほど実質的とも思えず、どこか形式的な印象すら感じさせる。詳しく見ていくことにしよう。

まず、中学校と同じく一九五八年版にお

いて、さっそく「個性」の語が登場していることが確認できる。この版では内容項目として全三六項目が示されているが、この三六項目はさらに四つに区分され、各区分にはそれぞれを表現するタイトルが付されている。当時「四つの柱」と呼ばれていたうちのひとつとして示されていたのが、「主として「個性の伸長、創造的な生活態度」に関する内容」であった。

しかしながら、ここでの用語選択にどこか形式的な印象を感じるというのは、この区分のもとに配置された、カリキュラム本体ともいうべき六つの内容項目のどこにも「個性」の語が使用されていないからである。意味内容的に最も近いものを挙げるなら、「(18) 自分の特徴を知り、長所を伸ばす」であるだろうが、「(19) 常により高い目標に向かって全力を尽し、大きな希望を持つ」なども、「個性の伸長」という括りの範囲内として想定されているのかもしれない。要するに、そこに「個性」の語を充てなければならない必然性はそれほど感じられず、形式上すべての内容項目を「四つの柱」へと整理するに際して、「個性」の語が便宜的に充てられているだけのような気配が感じられるのである。

実際、このような形で内容項目に「四つの柱」のような括りを設定することには、その当時から批判があったらしく、次の一九六八年改訂ではこの括りは除去されている(文部省一九六九、六頁)。そしてそれとともに内容項目から「個性」の語はいったん退場していくことになる。

そしてその後、小学校道徳の内容項目の中に「個性」の語が再び登場したのは、現行の二〇一七年版である。この改訂では、中学校と同じくA～Dという「四つの視点」が設定され、そこに配置された内容項目が「内容を端的に示す言葉」でもって要約的に表現されるという形式が新たに導入されたが、「A　主として自分自身に関すること」内の項目名のひとつがまさしく「個性の伸長」であった。

しかしこれもまた、まったくもって前述の一九五八年版の再現を想起させずにおかない。各学年別に示されたその具体的内容を見てみるとよくわかるが、これに該当する内容項目の実体は「自分の特徴を知る」や「長所を伸ばす」である。つまり、このような各学年別の個別内容を総括する「内容を端的に示す言葉」として、「個性の伸長」という括りが、やはり便宜的に充てられただけのようにも映るのである。

『小学校学習指導要領（平成二九年告示）解説　特別の教科　道徳編』によると、今次の改訂においてこのように要約語を付ける形式を採用した理由として、「小学校から中学校までの内容の体系性を高める」ねらいもあったことが挙げられている（文部科学省二〇一八a、五頁）。同じ二〇一七年版の中学校学習指導要領中の「自己の個性伸長」に相当する内容項目には、「向上心、個性の伸長」という要約語が充てられていたから、それとの形式的連続性を強調するための用語選択であった可能性はじゅうぶんに考えられるだろう。

生徒の自己課題としての「個性の伸長」

以上をまとめると、まず小学校に関しては、学習指導要領上に「個性」の語そのものは一応登場してはいるものの、それは決して積極的な意味付けがなされたものとは言い難い。おそらくまだ成長途上の、可塑性の高い小学生の段階では、「個性」という観点から固定的に児童らの人格を捉えることはなじまないという判断がなされているのではないかと思われる。したがって道徳カリキュラムとしての「個性」の動向を見定めるうえで重要となる主要舞台は、あくまで中学校段階ということになる。

そしてその中学校では、道徳領域の学習指導要領としては戦後最初となる一九五八年版からして、すでに内容項目の中に「個性」が組み込まれていた事実がまずは確認できた。ただし、この時点では特に「自己の個性伸長」だけが照準されていたわけではなく、自他ともに「伸ばしあっていく」という表記スタイルであることが特徴である。しかも次の改訂からしばらくの期間、「自己の個性伸長」に関する内容項目は学習指導要領の中からは、いったん消えてしまうのである。

そしてあらためてそれが、こんどは単独の項目として再登場するのは一九八九年改訂以降のことである。道徳科の内容項目を「四つの視点」に分類したうえで、「主として自分自身に関すること」の中に「自己の個性伸長」に関わる項目が配置されるという形式がこの時に登場し、ほぼ同じ形式が現在に至るまで踏襲されてきた。つまりは臨教審による「個性重視の原則」の直接的な投影であるところのこの版において、「自己の個性伸長」が、道徳カリキュラムの一項目として確立したことになる。

さて、この一連の経緯は、教育界における個性概念の扱いをめぐる沿革の中でも、意外に大きなターニングポイントだったと言えるのではないだろうか。前章では、一九八〇年代の臨教審の審議過程において、「個性を尊重すること」ではなく、「個性そのもの」が価値的存在へと転化していったという事実に触れたが、それに続いて「個性」をめぐる布置状況にも変化が生じつつあったという事実を、それは示しているように思われるからである。ここで注目したいのは、学校教育において想定されている「個性」の操作主体が、いつのまにか大きく変更していったという事実である。

というのも、概して教育的課題として語られる際の「個性」とは、かつてはそもそもが教師や教育家たちによって扱われる類の何ものかであった。たとえば「児童生徒の個性を尊重しなければならない」とか、「伸ばしてあげなければならない」という具合に、この概念はもっぱら教育を施す側の人々にとっての課題や目標という文脈のもとで語られてきたのである。このような語り口は、現代においてもなお、教育界における言説コードの基調にはちがいないだろう。

それに対して上に見てきた通り、道徳カリキュラム内には、ある時期から「個性の伸長」が、そこで教えられるべき内容項目のひとつとして組み込まれていく。つまりここにおいて「個性」は、生徒たち自身が達成すべき自己課題として位置づけられたことになる。それは、指導上のレトリックから当事者自身の達成課題へ、教育する側からされる側へと、「個性」のマネージメント主体が拡張したことを意味する変化にほかならない。「個性」をめぐる主客の関係性が、いつのまにかすっかり錯綜してしまっていたわけである。

したがって前述したような、一九九〇年代以降のユースカルチャーにおける「個性」の強迫観念化という事態は、現象的には、学校教育における道徳カリキュラムの動向とも歩みを共にしていたことになる。「差異化のレトリック」が、かくして学校の正規カリキュラムの中に公式に埋め込まれたことになる。

どうやって伸ばすのか

では検定教科書の中に、この「個性の伸長」という内容項目は具体的にどのような形で教材化されているだろうか。

既述の通り、近年（小学校では二〇一八年度から、中学校では二〇一九年度から）、道徳科は「特別の教科」として再スタートしており、それまではあくまで副教材の位置づけにあった読み物教材が正式な教科書へと格上げされ、他教科と同様に初めての教科書検定も実施されている。こうした施策によって、現場ではただちに教科書準拠が義務付けられたわけではないとは言え、しかし実質的に教科書の使用を第一に想定した授業運営が要請される流れが作られたことは確かである。そこで、これら検定済み教科書の中から、学習指導要領中の内容項目「自己の向上、個性の伸長」（中学校）、ならびに「個性の伸長」（小学校）に対応する単元教材をすべてピックアップし（その対応関係は各社が一覧表の形で公表している）、ひと通りその内容を通覧する作業を行ってみた。その対応教材をリスト化したものが表4－3（中学校）、ならびに表4－4（小学校）である。以下では、この作業を通じて気づいた事柄について書き留めておくことにしたい。

まず「個性の伸長」という主題が、本来の字義どおり忠実に教材化されているように感じられたのは、学研教育みらい刊『新・中学生の道徳 明日への扉1年』収録の「イチローの軌跡」（一三八～一四〇頁）であった。この資料では、日米の野球界で輝かしい実績を残してきたイチロー

表4－3　道徳科教科書における〔向上心、個性の伸長〕対応教材リスト（中学校）

出版社	教科書名	タイトル	分類
学研教育みらい	新・中学生の道徳 明日への扉1年	イチローの軌跡	人物・伝記
	新・中学生の道徳 明日への扉2年	ジャッジとチャレンジ	人物・伝記
	新・中学生の道徳 明日への扉3年	三十点の金メダル	人物・伝記
教育出版	中学道徳1 とびだそう未来へ	まだ進化できる―イチロー選手の生き方―	人物・伝記
	中学道徳2 とびだそう未来へ	五万回斬られた男・福本清三	人物・伝記
	中学道徳3 とびだそう未来へ	ひび割れ壺	エッセイ・物語
廣済堂あかつき	中学生の道徳 自分を見つめる1	木箱の中の鉛筆たち	エッセイ・物語
	中学生の道徳 自分を考える2	虎	エッセイ・物語
	中学生の道徳 自分をのばす3	ぶれない心―松井秀喜―	人物・伝記
東京書籍	新しい道徳1	自分の性格が大嫌い！	エッセイ・物語
	新しい道徳2	私は十四歳	エッセイ・物語
	新しい道徳3	ぼくにもこんな「よいところ」がある	エッセイ・物語
日本教科書	道徳 中学校1 生き方から学ぶ	パーソナリティー	エッセイ・物語
		オレは最強だ！	人物・伝記
	道徳 中学校2 生き方を見つめる	僕たちのキャリアプランニング	その他
		ワン・ステップ	エッセイ・物語
	道徳 中学校3 生き方を創造する	ジャマナカめ	人物・伝記
日本文教出版	中学道徳 あすを生きる1	トマトとメロン	詩
	中学道徳 あすを生きる2	「自分」ってなんだろう	エッセイ・物語
	中学道徳 あすを生きる3	新しい夏のはじまり	エッセイ・物語
光村図書	中学道徳1 きみがいちばんひかるとき	カメは自分を知っていた	エッセイ・物語
	中学道徳2 きみがいちばんひかるとき	優しさの光線	エッセイ・物語
		嫌われるのを恐れる気持ち	その他
	中学道徳3 きみがいちばんひかるとき	がんばれ おまえ	エッセイ・物語
		先人の言葉―「論語」	詩

注）2021年度使用版にもとづく。分類は筆者の設定による。

光文書院	しょうがくどうとく ゆたかなこころ1ねん	ぼくにもあるかな	エッセイ・物語
	小学どうとく ゆたかな心2年	ミーボーしんぶん	エッセイ・物語
	小学どうとく ゆたかな心3年	世界一うつくしい体そうをめざして―内村航平―	人物・伝記
	小学どうとく ゆたかな心4年	わたしのゆめ	エッセイ・物語
	小学道徳 ゆたかな心5年	変えたもの・変えなかったもの―内川聖一―	人物・伝記
		短所も長所	その他
	小学道徳 ゆたかな心6年	めざせ、百八十回！	エッセイ・物語
		勇太への宿題	エッセイ・物語
東京書籍	新訂 あたらしいどうとく1	ええところ	エッセイ・物語
	新訂 新しいどうとく2	ありがとう、りょうたさん	エッセイ・物語
	新訂 新しいどうとく3	じゃがいもの歌	エッセイ・物語
	新訂 新しいどうとく4	うめのき村の四人兄弟	エッセイ・物語
	新訂 新しい道徳5	感動したこと、それがぼくの作品	人物・伝記
	新訂 新しい道徳6	あこがれのパティシエ	人物・伝記
日本文教出版	しょうがくどうとく いきるちから1	ぼくは 小さくて 白い	エッセイ・物語
		あなたって どんな 人？	その他
	小学どうとく 生きる力2	いい ところ みいつけた	エッセイ・物語
	小学どうとく 生きる力3	きいてるかいオルタ	エッセイ・物語
		お母さんの「ふふふ」	エッセイ・物語
	小学道徳 生きる力4	つくればいいでしょ	エッセイ・物語
	小学道徳 生きる力5	マンガ家 手塚治虫	人物・伝記
	小学道徳 生きる力6	それじゃ、ダメじゃん	人物・伝記
光村図書	どうとく1 きみがいちばんひかるとき	「すき」から うまれた「そらまめくん」	人物・伝記
		みんな じょうず	その他
	どうとく2 きみがいちばんひかるとき	おり紙の名人―よしざわ あきら	人物・伝記
		どうして うまくいかないのかな	エッセイ・物語
	どうとく3 きみがいちばんひかるとき	「わたしらしさ」をのばすために	人物・伝記
		三年元気組	エッセイ・物語
	道徳4 きみがいちばんひかるとき	世界に一つだけの花	詩
		みんなちがって、みんないい	詩
	道徳5 きみがいちばんひかるとき	「自分らしさ」を見つめよう	人物・伝記
	道徳6 きみがいちばんひかるとき	ぬくもり	エッセイ・物語

注）2021年度使用版にもとづく。分類は筆者の設定による。

表4－4　道徳科教科書における〔個性の伸長〕対応教材リスト（小学校）

出版社	教科書名	タイトル	分類
学研教育みらい	新・みんなのどうとく1	大すきだから	人物・伝記
		ぼくのこときみのこと	その他
	新・みんなのどうとく2	絵がすき 海がすき	人物・伝記
		「美宇は、みう。」	人物・伝記
		きらきらみずき	エッセイ・物語
	新・みんなのどうとく3	鬼太郎をかいたゲゲさん	人物・伝記
	新・みんなの道徳4	花をさかせた水がめの話	エッセイ・物語
		ばんざい大きな花まる	エッセイ・物語
	新・みんなの道徳5	日本の「まんがの神様」	人物・伝記
	新・みんなの道徳6	自分らしく	詩
学校図書	かがやけみらい しょうがっこうどうとく1ねん	じぶんだけの しゃしんを―やまぐち すすむ―	人物・伝記
	かがやけみらい 小学校どうとく2年	おりょうり大すき！―平野レミ―	人物・伝記
		はなかっぱの 大ぼうけん	エッセイ・物語
	かがやけみらい 小学校どうとく3年	清のゆめ―山下清―	人物・伝記
		自分をしんじる心―体そう選手・白井健三―	人物・伝記
	かがやけみらい 小学校道徳4年	ハートで勝負―田臥勇太―	人物・伝記
		本当に好きなことは	人物・伝記
	かがやけみらい 小学校道徳5年	明の長所	エッセイ・物語
	かがやけみらい 小学校道徳6年	作業服のノーベル賞	人物・伝記
教育出版	しょうがくどうとく1 はばたこうあすへ	すきなものを見つけよう	人物・伝記
		わたしのよいところ	その他
	小学どうとく2 はばたこう明日へ	とおるさんのゆめ	エッセイ・物語
	小学どうとく3 はばたこう明日へ	ぼくらしさってなんだろう	人物・伝記
	小学道徳4 はばたこう明日へ	ゆめは世界一のプロ野球マスコット	人物・伝記
	小学道徳5 はばたこう明日へ	たからもの	エッセイ・物語
	小学道徳6 はばたこう明日へ	山中伸弥先生の快挙	人物・伝記
		「しかみ像」にこめられた思い	人物・伝記
廣済堂あかつき	しょうがくせいのどうとく1	みんなのはなまる	その他
	小学生のどうとく2	とべないペンギンくん	エッセイ・物語
	小学生のどうとく3	いいね！	エッセイ・物語
	小学生の道徳4	明の長所	エッセイ・物語
	小学生の道徳5	グラウンドにひびく声	エッセイ・物語
	小学生の道徳6	心は変わる	人物・伝記

選手のこれまでの足取りが素描されている。全体のトーンとして強調されているのは、イチロー選手のたゆまぬ努力と、そして自分らしさを貫こうとした強い態度である。

本文中には、「誰もが認める実績を上げたイチロー選手ですが、プロ入り当初は人と違うことをやる姿勢を批判されたこともありました。それでもイチロー選手は自分らしさを貫き通し、世界記録を打ち立てました」（一三八頁）とある。そして紹介されているのは、プロ入り当初のバッティングフォームをめぐるエピソードである。

イチロー選手は、足の速さを生かして塁に出る機会を増やすねらいから、当時の監督やコーチからバッティングフォームの変更を指導されたのだが、そこですべての指示に従うことはしなかったのだという。なぜなら「人と同じじゃなくて、人と比べて抜きんでていないといけないと思って」（一三九頁）いたからである。しかし、そんなイチロー選手の気持ちを知った二軍コーチは「イチローのスイングは短所ではなく、長所である」と考え、本来のバッティングフォームに磨きをかけるという方針を採用する。するとほどなく、新しく就任した監督がイチロー選手の実力を見抜き、一軍に抜擢したことで、イチロー選手のその後の快進撃が始まるのである。

なるほどこのエピソードは、個性的なスタイルを貫いたことがその後の成功に結び付いたという意味ではきわめて模範的な事例と言えるだろう。はた目には短所と思われた特性が、長所ともなり強みともなり得るのだという勘所のメッセージもうまく織り込まれているし、読み物としてもそれなりに味わい深い。しかし、この教材を使って実際に授業を展開するとなると、いろんな矛盾に突き当たってしまいそうな懸念も浮かんでくる。生徒たちがもしもイチロー選手に倣って

「自分らしさ」を貫いた時に、果たして自分たちの所期の目的をうまく達成することはできるだろうか。なるほどそれでうまく行くこともあるだろうが、おそらくそうでないことのほうがはるかに多いのではないか。

ここで興味深いのは、同じ「個性の伸長」項目の対応教材である、光文書院刊『小学道徳　ゆたかな心5年』収録「変えたもの・変えなかったもの――内川聖一」（九二〜九五頁）の内容と、これが非常に好対照に映ることである。こちらはイチロー選手と同じく野球界で実績を残した内川聖一選手の話題であるが、そこに示されているメッセージはイチロー選手のケースとはまったく正反対である。

プロ入り後に伸び悩み、苦しんでいた内川選手は、コーチからバッティングフォームの修正を助言される。内川選手自身が自分の持ち味であり長所だと信じ切っていたそれまでのフォームが、じつは短所なのだと指摘されたのである。自分がずっとよいと思ってきたフォームを変えるのはとても勇気がいることだったが、内川選手はこのアドバイスを素直に聞き入れることにする。そしてこのコーチのもとで厳しい練習に取り組んだ結果、その成果は好成績の形でほどなく現れることになったというのである。

同じ「個性の伸長」項目の対応教材でも、こちらの場合は、他者からのアドバイスに素直に従うことで自分を伸ばすことができたというストーリーである。出版社も対象学年も異なるが、もしもこの二つの教材を同時に示されたとしたら、児童生徒はさぞかし混乱するにちがいない。

もちろんイチロー選手にしても、周りの助言に一切耳を貸さずに何でも自己流を通したというわけではないだろう。こだわるべきポイントがどこなのか、自分できちんと取捨選択し、勘所を押さえることができていたからこその成果でもあったろう。しかし、具体的にどういう部分へのこだわりが最終的に良い結果に結びつくことになるのか、ふつうの人間にはそれをあらかじめ予見することは難しいはずである。その選択が良い結果をもたらすものであるかどうかは、通常は（そしておそらくはイチロー選手の場合も）結果からさかのぼって事後的に評価するしかないからである。それは「個性を伸ばす」という企ての中にはらまれた根本的な困難というべきものであるようにも思われる。

「輝く個性」

さて、ほかに今回通覧した教材類の中でも微妙な違和感を覚えたのは、日本教科書刊『道徳 中学校1 生き方から学ぶ』収録の「パーソナリティー」（二一～二五頁）であった。そのものずばり「個性」をタイトルに掲げるこの教材は、中学生の「僕」が、夏休み中の三日間を過ごすべく、一人で電車を乗り継いで、祖父母と伯父夫婦と従兄弟たちの待つ田舎の家を訪れるという話である。

久々に再会した二人の従兄弟たちは、ずいぶんと泳ぎが上手になっていたり、高専への進学という目標を定めて夏季講習に通っていたりと、その姿が「僕」にはとてもまぶしく映る。それに引き換え自分自身のことを顧みてみると、「これと言った夢もなければ、人に自慢できる特技もない。しいて言えば……。考えても何もない」（二五頁）のである。歓迎の夕食の席で、アルコールも入って上機嫌な伯父さんが口にした台詞はこうである。「まあ、個性を大事にして何にでも挑戦してみることやな。お前たちは、これからや――」（二五頁）。その夜、床に入ってから「僕」はつくづくと考える。「僕は、何を目指して、どこに向かって行けばよいのだろう。〔中略〕これから何をすればよいのだろう。僕の個性って……」（二五頁）。

思春期真っただ中で、アイデンティティの確立に向けて模索中の主人公が抱く焦りや不安は理解も共感もできるのだが、それを殊更に「個性」というキーワードで回収してしまうところが、どこか強引というか不自然なものに思えてしまう。そこに「個性」が確立されねばならない、発揮されなければならないという暗黙のメッセージが、露骨な押し付けのようにも感じられるのである。自分を高めることや進路を見定めることはなるほど重要だが、しかしそれは本当に「個性」の問題なのだろうか。

ほかに気になったのは、廣済堂あかつき社発行の中学用教科書である。こちらは本冊『中学生の道徳』と別冊『中学生の道徳ノート』の二分冊構成になっているが、このうち別冊のほうには、生徒の書き込み用のページのほかに、学習指導要領の内容項目を一項目ごとに一ページずつ敷衍した文章が掲載されている。そして毎学年ごとの「自己の向上を図り、個性を伸ばす」のページに並ぶのは、きわめてストレートに「個性」の追求を鼓舞する文言の類である。

たとえば二年生用『中学生の道徳ノート』から一部を引用すると、こうである。「私たちにはそれぞれ個性がある。個性とはその人がもつ持ち味とも呼べるもので、誰かと取り替えることは決してできない。〔中略〕自分自身が嫌だと思っているところでも、見方を変えて磨きをかけることで、輝く個性にすることもできる。自分自身を見つめ、自分の個性をよりよく伸ばしていこうとする気持ちをもって、自らの人生を充実させたものにしていこう」（三頁）。どの学年においてもこれと同じ調子で、「個性」は輝くべきものというメタメッセージが明快に繰り返されるのである。

こうした語り口は、じつは文科省発行の『中学校学習指導要領（平成二九年告示）解説 特別の教科 道徳編』（文部科学省二〇一八b）中の記述をほとんどそのまま踏襲した表現にほかならない。同書は、文字通り文科省自身が学習指導要領の旨趣を解説した文書であり、同要領が改訂されるたびごとに新しい解説書（平成元年までは「指導書」）が発行されてきたが、この「輝く個性」という表現が登場するのは現行版からである。一応そのオリジナルのほうからも該当箇所を以下に引用しておくことにしよう。

「個性を伸ばす」とは、固有の持ち味をよりよい方向へ伸ばし、より輝かせることである。自分自身で嫌だと思っている所も、見方を変えて磨きをかけることで、輝く個性になり得るのである。（文部科学省二〇一八b、三〇頁）

要するに「輝く個性」というのは、いわば文科省の公式見解ということになるのだが、これはいささか無邪気で単純すぎる言明というべきではないだろうか。のちの章で扱う「包摂」の観点にうまく適合しないということもあるが、そもそも前節において論及した、「個性」追求に伴う副作用の危険性に対しては、ほとんど配慮されていないように映るのである。

「個性」は教えられるのか

以上、「個性の伸長」というテーマをめぐって、道徳科の検定教科書の中で、それが比較的ストレートに扱われた類の教材例を取り上げてきたが、しかし、いま挙げたいくつかは、じつはあくまで少数派の事例にすぎない。最終的な結論としては――じつはこの点こそが重要なのであるが――、『学習指導要領解説』における「個性」解釈の無防備さとは裏腹に、多くの教科書の記述内容はまったく〝穏健なもの〟というのが全体的な印象だった。大半のケースは、決して「他と差を付けよ」とか「かけがえのない自分を追求せよ」などと煽りたてるふうではなく、むしろ自分自身のことを見つめ直して、長所を伸ばし、短所を改めようなどといった、わりと常識的な落としどころにとどまっているのである。

そして何よりも大きな特徴として注目されるのは、これらは学習指導要領の内容項目「個性の伸長」に対応する単元でありながらも、「個性」の語が登場して来ない教材のほうが実際には多数派であることである。

まず小学校用教科書においては、今回通覧した六五件中、教材中に「個性」の語が使われているのはただ一件のみであった。前述の通り小学校に関しては、そもそも現行の学習指導要領内の「個性の伸長」という項目名自体が便宜的な当てはめのようなところがあったから、ある程度それは必然的な結果とも言えるだろう。

しかし中学校用教科書においても、教材本体中にはっきりと「個性」の語が登場するのは二五件のうち六件のみであった。ちなみに先ほど引用した「イチローの軌跡」も、じつは「個性」の語そのものはまったく登場していない。使われていたのはもっぱら「自分らしさ」という表現であった。

要するに教科書の出版元の側では、学習指導要領中の内容項目「個性の伸長」に関して、必ずしも「個性」という用語にとらわれずに、現場で使える形にうまく翻案して教材づくりを行っているというふうにも読める。実際にテーマとして挙げられているのは、「自分の特徴を知る／見つめる」「自分のよさを見つける／伸ばす」「自分を好きになる」「短所も長所」などである。

ここでは教科書の記述内容レベルまでの検討にとどまったが、実際の授業場面のことについても少しばかり論及しておくことにしたい。元文部官僚の寺脇研は、道徳を教科書で教えることの問題性を主張した著書の中で、教科化を目前に控えた時点での学校現場での混乱についてケース報告を行っているが、そこで挙げられていた事例こそは、まさしく「個性の伸長」単元を扱った授業だった（寺脇二〇一八）。

寺脇が紹介しているのは、日本標準刊の副読本『みんなで生き方を考える道徳』に収録された教材「14歳からの仕事道――個性や専門性なんて簡単には身につかない」（出典は玄田二〇〇五）を扱った、ある中学校の道徳の授業を参観した時のエピソードである。いまの自分に個性や専門性がないと悩んでいる人に向けて「焦る必要はない」というのがこの教材の作者の主張であったにもかかわらず、この授業では生徒たちに対して自分の個性をいろいろと挙げさせ、適性チェックまで行って「自分の個性を知る」作業に取り組ませていた。こんな珍妙な授業になってしまったのは、授業者が文章教材の内容を十分に消化しきれぬまま安易に扱った結果だと寺脇は批判しているのである。

ここで寺脇自身は、道徳の教科化と、それに伴う検定道徳教科書の制度的導入に反対する立場から、前記のエピソードを挙げているのだが、このケースに関してはむしろ、「個性の伸長」という内容項目そのもののほうを問題視すべきであるように思われてならない。というのも、これまでの章で観てきた通り、「個性」という概念は、時代とともにその含意が変化してきたし、またのちの章でも示していく通り、現在でもじつは揺らぎ続けている。つまり、それはたとえば「長所」や「短所」のような、誰にでも通じる安定した概念とは言い難いのである。寺脇は、学習指導要領の意味する「個性」と、同教材の著者の主張する「個性」とは矛盾するものではないとしているが、必ずしもそうとは思えない。ここで報告されている現場の混乱も、無理もない話であるように感じられるのである。

そもそも、本章では何度も言及してきた通り、教育的価値としての「個性」とは、もともとは教師や教育家たちにとっての課題や目標として語られてきた概念であった。「個性」を価値として存立させる契機は、決して自己ではなく、徹底して他者の側にあるのである。

たとえば、前出の教科書教材「イチローの軌跡」に即して考えてみると、イチロー選手がその能力をうまく開花できたのは、当人の努力もさることながら、周りのコーチや監督が彼のスイングを長所として認め、機会を与えてくれたからであっただろう。「個性の伸長」とは、個性を保有する当人の問題である以上に、それを認め、受け入れる周囲の側の問題でもあるのである。

しかし道徳科カリキュラムにおいては、いわば臨教審パラダイムの基盤の上に、自己課題として「個性伸長」が求められるという状況が現行の学習指導要領でも続いている。こうした状況にはやはり無理があるというべきではないだろうか。教師が児童生徒の個性の伸長に努めるとか、生徒どうしが互いの個性を認め合うということはありえても、自分の個性を伸ばすというのはじつは難しい。というより、混乱が多い。

「かけがえのない自己」を強調したいらしい趣旨は理解できるのだが、『学習指導要領解説』がそれを「輝く個性」と表記していることにも示されている通り、現行の学習指導要領のベースにあるのは、もっぱら「差異化のレトリック」である。ここで「個性」の語が含まれている限り、この内容項目の授業が、自分の特色をいかに見出していくか、という自己演出的なテーマになってしまう危険性はどうしても免れないだろう。わざわざ「個性」の語を持ち出すまでもなく、この内容項目は「自己を見つめ、自己の向上を図る」だけでも十分なのではないだろうか。

第5章

実践からレトリックへ——語彙論的考察

1 「個性」の意味変容と二度のピーク

individualityからの乖離

前章までにおいて、それぞれ一九一〇～二〇年代と一九八〇～九〇年代を中心とする期間における二度にわたる「個性ブーム」の具体的な様相について概観してきたが、本章ではあらためてより俯瞰的な視点から、「個性」の語そのものがたどったこれまでの長期的な趨勢について、その全体像を捉えていくことにしたい。

そのための導入として、まずは翻訳家の中村保男による「個性はどこへ行く」と題するエッセイを取り上げておくことにしよう。ちなみにこれもまた『窓ぎわのトットちゃん』と同じ一九八一（昭和五六）年刊行の著書に収められた文章である。中村はこの中で、訳語としての「個性」の語の厄介さについて、次のように述べていた。

語源的に最も正確に「個性」に対応する英語はindividualityである。この語は読んで字のごとく〈もうこれ以上分割（divide）できない状態〉すなわち〈個〉を意味しているからだ。ところが、現在ではindividualityを「個性」と訳すのは、間違いだとは言えないまでも、あまり適切ではない場合が少なくないと私は見ている。〔中略〕「個性」という日本語が肯定的な含みを強く帯びているのに対し、individuality は personal identity（個人を個人たらしめている〝心理学的人格〟の一貫性）といった中性的な意味で使われることのほうが多いからだ。
そこで私はこの英語を「個人性」とか、（人間以外のものも含む場合には）「個体性」と訳すことを原則としている。もちろん、この英語が肯定的な意味で使われている文脈では「個性」と訳すことに躊躇しないが。とにかく、「人柄」とか「人格（骨柄）」や「個性」といった日本語を無差別に character や personality や individuality の訳に充てる前に、いったん立ちどまって、原作者が individuality なら individuality という語を幾つかの類義語の中から特に選んだ必然性をとっくり見きわめる必要がある。（中村一九八一、二九〇～二九一頁）

いかにも翻訳家らしい鋭敏な言語感覚にもとづく指摘と言えるだろう。この引用文は直接的には、日本語から英語へではなく、英語から日本語への訳語の当て方について語った内容なのであるが、本書の観点からこれを裏返して読み解くと、中村が証言しているのは要するに日本語としての「個性」の語の歴史的な変質という事実である。現在における「個性」の語は、その元々の語源的対応物であったはずの individuality の語義から外れ、独特の語感を帯びるようになってきているというわけである。

なるほど、かつて学校現場で広く行われていた「個性調査」における「個性」は、今よりもずっと中性的な概念であって、したがって負の特徴までも含めてその構成要素とされていたことは、

第2章においてすでに確認してきた通りである。それはまた、序章で取り上げた野村芳兵衛の個性観とも符合する事実であるだろう。ところが、「個性」の語感からはいつしかマイナスの要素は切り離され、中村の言うようにそれはもっぱら肯定的なニュアンスを帯びた言葉として流通するものとなっていったのである。

もちろん、現代でもなお「個性」が逆にネガティブな含みを帯びる場合も決して皆無ではない。たとえば「個性的」と言う場合には、しばしば言外に「風変わりな」とか「奇矯な」という含みが込められていたりすることもあるわけだが、しかし、今日において「個性」について語る場面の圧倒的大勢は、ほとんどポジティブな意味合いでのそれと言ってよいだろう。本書で言うところの「差異化のレトリック」としてそれが機能し得るのも、「個性」の語のこのような変質をふまえてのことであることは言うまでもない。

データとしての図書タイトル

しかしながら、ここで「個性」の語がたどった社会的な沿革について注目するべきは、ただ単純にこうした語彙そのものの意味内容の変化だけではない。それ以外にも、いうならばその社会的な生態をめぐって、より広範な次元において注目に値する展開が起こっていた事実を指摘していくことができる。以下では、「個性」の語をめぐる長期的な趨勢を把握することの可能ないくつかのデータベースを活用することによって、具体的にそうした足跡について確かめていくことにしたい。

特にここで、分析のための中心的な素材としていくのは、国立国会図書館の蔵書データである。以下では同データベースから書名検索によって「個性」の語を含む図書タイトルをすべてピックアップしてリストを作成し、その初出から現代にいたるまでの趨勢分析を行った。こうしたやり方は、比較的手軽なデータ採取法として従来からよく採用されてきた手法ではあるが、しかしあらためてこのデータベースの利用価値については、ここできちんと再確認しておく必要があるように思われる。

すなわち、法定納本という国家プロジェクトを基盤とするその制度性こそは、このアーカイヴに備わる本質的な特長であることはいうまでもないが、その結果として同データベースからは桁外れに長期間にわたる客観的な変動相を取り出すことが可能となった。明治期から現在まで、一〇〇年以上もの期間にわたる定点観測を可能にするデータベースは、他にあまり類を見ないものと言えるだろう。

しかもそれだけではない。分析可能な期間の長さのみならず、それが領域横断的なデータとしての特性を備えていることも重要である。というのも、そこには原則論的には出版ベースに乗ったあらゆるジャンルの図書が網羅されているうえ、そればかりか書誌データとしての特性上、すべてのケースに対してあらかじめ分類記号という形の属性コードが割り当てられている。一つひとつの用例に対して、それぞれが使用された領域についての属性情報がいわばタグ付けされているわけで、これを利用することで我々は、「個性」の語の出現をめぐる領域的な分布の状況まで把握することが可能となるのである。

さらに付け加えるなら、このデータは「個性」という語彙そのものをめぐる変化をたどるためのインデックスとしても利用可能である。近年の言語研究の分野では、語彙の使用や活用の特徴等を解析するための手段として、電子テキストの集合体である「コーパス」を活用した計量的な研究が大いに展開されつつあるが（李ほか二〇一八など）、図書タイトルのリストもまた、使いようによってはこのコーパス的な利用可能性をはらんだデータとしての転用が可能である。以下では、そうした語彙論的な射程を含んだ分析の可能性をも模索してみることにしたい。

もちろん、そこには書名ゆえの制約があることも確かである。図書タイトルには図書タイトル向きの表現というものがあり、またそれ自体流行による変化も起こりうるからである。つまりは、あくまで図書タイトルとしての用例にすぎないことは自覚しておく必要がある。また、そこから読み取れる全体的な傾向の中には、出版産業という土台そのものの変化が一定程度投影されていることも重要だろう。したがってこれを補足するためのデータとして、新聞記事タイトル等の各種データベースも併せて活用していくことにする。

「個性」流通の二度のピーク

さて、以上のようなねらいのもと、「個性」の語をタイトル中に含む刊行図書について基礎的なデータを整理すると表5－1のようになる。

長期間にわたる定点観測が可能なデータとはいえ、前述の通り、時期によって出版をめぐる前提条件（刊行図書件数の全体規模やジャンル構成など）には違いがあるため、年代によって数値の

表5－1　「個性」を書名に含む図書の件数、ならびに領域分布の推移

刊行年	総件数	日本十進分類法（NDC）											国立国会図書館分類表（NDLC）									
		0 総記	**1 哲学**	2 歴史	**3 社会科学**	4 自然科学	5 技術・工学・工業	6 産業	7 芸術・美術	8 言語	9 文学	―（未分類）	A 政治・法律・行政	D 経済・産業	E 社会・労働	**F 教育**	G 歴史・地理	H 哲学・宗教	K 芸術・言語・文学	M～S 科学技術	U 学術一般・ジャーナリズム	Y 児童図書・簡易整理資料・教科書・専門資料室資料・特殊資料
1900–09	**1**				**1**																	
1910–19	**10**		**2**		**8**																	
1920–29	**22**		**2**		**17**	3																
1930–39	**30**		**4**		**25**						1											
1940–49	**14**		**3**	1	**9**						1											
1950–59	**13**	1	**5**		**6**					1												
1960–69	**25**		**5**	2	**10**		1	2	3		2											
1970–79	**73**		**15**	5	**23**	3	12	2	2	2	3	6	3	5	5	**10**	3	3	5	5	4	30
1980–89	**237**	1	**16**	9	**116**	4	31	28	14		7	11	12	47	18	**68**	10	2	21	11	7	41
1990–99	**345**	6	**25**	5	**180**	7	29	31	29	4	12	17	14	45	23	**144**	5	9	39	26	10	30
2000–09	**325**	3	**24**	8	**103**	12	28	20	22	3	12	90	25	30	26	**49**	8	8	34	22	5	118
2010–19	**339**	2	**27**	20	**77**	13	43	25	42		6	84	20	23	26	**33**	11	3	25	29	4	165

出典）国立国会図書館蔵書目録データベース（NDLオンライン）をもとに作成。
注）「個性」の語を含む図書リストの編成にあたっては、同じ書名が2回ヒットしているケースを整理したり、叢書名やシリーズ名、全集中に収められた個別の作品タイトルは除外（「書名」とは見なせないという理由から）するなどの処理を施してある。

重みは異なるだろう。そのため厳密な時期区分は難しいが、それでも「個性」の語の流通において二度のピークが存在していたことに異論の余地はなさそうに思われる。

すなわち、書名としての初出は一九〇九年、大川義行著『児童個性の研究』であるが、それ以降一九一〇年代から三〇年代にかけての期間が「個性」タイトル本の刊行の最初のピークであることが、まずは確認可能である。

しかし一九四〇年代以降、件数はいったん足踏みする。これは具体的な出版物の内容や、当時の国内全体の出版規模の動向

などをふまえて考えてみても、明らかに停滞局面というべきところである。そして一九七〇年代から特に八〇年代以降、ふたたび件数は急上昇して現在に至るのであり、つまり図書タイトル上にみる「個性」件数の動向は、第一のブームを経ていったん停滞したあと、第二のブームを迎えるという経過をたどってきたことになる。

単純に件数の増減に関して言うならば、ひとまずは以上のようなことになるわけであるが、ではそれぞれの時期における内容的な傾向についてはどうなのか。もう少し詳しく見ていくことにしよう。

まず第一のブーム期について、他の時期と比べた場合のこの期間の特徴といえるのが、そのほとんどが、日本十進分類法（NDC）における「三七〇：教育」ないし「一四〇：心理学」のジャンルによって構成されていることである（すなわち、表5－1中の3類と1類のケースがそれぞれに相当する）。

この時期の「個性」の語をめぐる動向についての最も重要な先行研究と言えるのは片桐芳雄による一連の論稿（片桐一九九五、二〇〇六a、二〇〇六b、二〇〇七）であるが、これによると、（書名ではなく）教育学書内の本文中における「個性」の語の初出は一八八七（明治二〇）年刊行の国府寺新作訳註『魯氏教育学』であり、そして標題に「個性」の語を掲げた文章の教育雑誌上の初出は、一八九五（明治二八）年に『大日本教育会雑誌』に連載された長谷川乙彦著「個性と教育」論文である。そして辞書類の記載内容等の検討をもふまえて片桐は、「個性」の語が日本社会一般に流通し始めるのは一九〇〇年代以降のことであると総括している。

この片桐の論稿も含めて、近代日本における「個性」の語の普及を、大正新教育の隆盛と重ねて解釈することは、いわば学説上の共通理解と言える。いわゆる「個性教育」の時代であり、その概要は本書の第1章で概観してきた通りであるが、図書タイトルにおけるこの期の趨勢も、おおむねこの通説に合致するものと言えるだろう。

ただし、このような解釈は総論としては正しいにしても、その内実を捉えるうえでは決して十分とは言い難い。というのも、この期における具体的な書名リストを眺めてみると、そこには単なる「個性教育」の投影という以上の、より際立った特徴がすぐに見出されるからである。すなわち、ここで注目されるのは、この期における刊行図書内の相当部分が、本書第2章で取り上げた「個性調査」関連によって構成されていた事実である。たとえばその実例としては『智能測定及個性之観察』(一九一一年)、『個性観察法の実際』(一九一三年)、『実際的個性調査法』(一九二八年)、『実際的体験的個性の調査と教育』(一九二九年)、『個性調査と職業指導の実践』(一九三一年)などを挙げることができる。

もちろん、このジャンルの図書の刊行数の増加は、例の「個性尊重」訓令(一九二七年)以後に特に顕著となるのだが、しかし、それ以前の刊行数もすでにそれなりの数に及んでいる。また、これらの著者として名を連ねるのは心理学者であったり現職の教師であったりするのだが、その購買層として想定されているのはやはり、圧倒的に現場の教師たちであったと判断できる。つまりは調査法の具体的な技法や実践例などについて論じた学校関係者向けの実用書の類が、この期における「個性」タイトル図書の主流を占めていたわけである。第2章で取り上げた大伴茂著

『個性調査と教育指導』（一九二九年）も、まさしくその典型例のひとつにほかならない。

このように、刊行された図書という観点からみた場合に、初期の個性概念が特定の教育実践と結びつくようなかたちで流通していたという事実は、あらためて銘記されるべきところであるだろう。教育研究の領域では、この期における個性概念は概して教育思想史的な観点からアプローチされることが多いが、それはしかし、個々の教育家たちが教育の理念や理想について語るための言葉であったばかりではない。その当時の多くの学校現場において「個性」とは、より即物的でテクニカルな実体概念としても流通していたのである。

教育実践からレトリックへ

さて、学校教育を主要舞台とするこのような「個性」への熱狂は、大正新教育の退潮とともに、いったん収束していく。その本質的な要因はともかくとして、文部省の態度の変化や戦時体制の進展がその直接的な契機であったことは、第2章において論及してきた通りである。そしてそのことは、刊行図書の状況からも確かめることができる。それまでの主流を占めていた「個性調査」関連の図書の刊行数は目に見えて減少し、やがて消えていくのである。

ところが表5−1に見られる通り、一九七〇年代以降、「個性」をタイトルに掲げる図書の刊行は、ふたたび急速に増加し始めることになる。これが第二のブームであり、いわば再興期というこことになるが、ただし「再興」とは言っても、以前とはずいぶん状況が異なることは大いに注目に値する。

注目すべきポイントの第一は、かつてとは異なり、「個性」タイトル本のジャンルが、「三七〇：教育」や「一四〇：心理学」以外の領域に大きく拡散していることである。表5－1からNDC分類上の分布を下方にたどっていくと、およそ一九七〇年代以降、3類や1類以外の領域に件数が広く分散していく様子が読みとれるのである。

なお、一九七〇年代以降に関しては、NDCよりも社会科学関係領域の分類がより精緻である国立国会図書館分類表（NDLC）のほうを見ていくことにしたいが、こちらからなら「F：教育」以外の領域に「個性」タイトルが広く拡散している様子が、よりいっそう明瞭であるだろう。つまり、第一のブームがもっぱら教育領域を中心とする動きであったのに対して、第二のそれは教育領域に限らず、より広範な、社会的な拡がりをもって展開された事態だったということになる。

そして第二に重要なことは、かつての「個性調査」のような特定の教育実践の影が、ここにはほとんど認められないことである。後述する通り、実際には当該期の教育界にも「個性化」を掲げた教育実践の取り組みはあるにはあるのだが、それがこのブームを構成する主要な一翼を担っていたとはほとんど言い難い。そして総体的には、この期において「個性」について語られる場面は、もっぱらレトリックの次元へとシフトしていたように映る。すなわち、「個性を生かす」場面は「学級経営」や「授業」ばかりでなく、「企業の人事戦略」や「仕事術」「人生設計」へと拡大し、そして「個性が輝く」のは「アクセサリー」や「我が子の名前の付け方」であり、「個性豊か」な「街づくり」「地域づくり」が盛んに論じられるようになっていくのである。

これらの用例に関して重要なのは、かつての「個性調査」の実践において想定されていたような「個性」の実在性には、ほとんど関心が払われていないことである。実体としての「個性」からはまったく遊離したところで、言葉の上だけでのそれが増殖し始めるのである。それは言うならば、教育実践の位相からレトリカルな位相への質的転換ということになるであろうが、この期の様相については、節を改めてより詳しく検討していくことにしたい。

2 派生語の展開――「個性的」「個性化」「個性派」

レトリックとしての「個性」

前述の通り、一九七〇年代から特に八〇年代以降、「個性」の語をタイトルに冠する図書の刊行数が急増する。これこそはおそらく、日本社会がこの言葉に深く囚われ、そして幻惑されていくプロセスを明瞭に映し出すものであったように思われる。この時期に、一種の流行語めいた「時代のキーワード」として、「個性」の語が一気にブレイクするのである。

この期における教育政策上の対応物として、何よりも臨教審をめぐる一連の動向が挙げられることについては、すでに第3章において概観してきた通りである。一九八四年の設置から八七年の閉幕までの間に、その四次にわたる答申を通して同審議会の最重要事項として示されていたのが、まさしく「個性重視の原則」であった。しかし第一のブーム期における「個性尊重」訓令

（一九二七年）の位置づけがそうであったのと同様に、この期における臨教審答申が必ずしも「個性」再興の「きっかけ」ではなかったことは、時間的な順序からみて明らかであるだろう。臨教審の発足よりも先んじて、すでに「個性」の語の氾濫は始まりつつあったわけで、むしろこの時の臨教審が掲げていた「個性」路線の戦略は、時代の空気にうまく便乗した用語選択であったことが、はっきりと窺えるはずである。それをして一種の政治利用であったと断じたゆえんである。

　と同時にまた、この期における個性概念の再ブレイクには、その一面において消費社会化の文脈が関わっていたことについても、第４章の中で論及した通りである。その代表的な論者であるボードリヤールの議論に従うなら、高度大衆消費段階に到達した社会においては、いまや消費を通じた欲望が解き放たれ、産業の独占的集中のもと現実的差異が消失して行くがゆえにこそ、かえって差異の崇拝が起こることになる。こうした社会状況の中に「個性」の語の流行を位置づけることはひとまず可能である。

　ここではしかし、背景説明よりも出来事の記述のほ

表5－2　「個性」ならびにその派生語を書名に含む刊行図書数の推移

刊行年	「個性」	「個性的」	「個性化」	「個性派」
1900–09	1	0	0	0
1910–19	10	0	0	0
1920–29	22	0	0	0
1930–39	30	0	0	0
1940–49	14	0	0	0
1950–59	13	0	0	0
1960–69	25	0	1	0
1970–79	73	8	4	5
1980–89	237	15	44	33
1990–99	345	18	50	28
2000–09	325	19	21	39
2010–19	339	21	10	61

出典）表5－1と同じ。

うに分析の照準を定めることにしたい。この期において「個性」という表現が適用される場面では、具体的にどのような展開が起こっていたのだろうか。

既述の通り国立国会図書館蔵書データベースのメリットは、刊行図書の傾向と同時に、語彙そのものについてのコーパス的な利用が可能なことにあるが、そうした観点から書名中に現れる「個性」の語の使われ方の変化を追っていくと、ある時期から特徴的な用例が現れてくることに気づかされる。すなわち、ここで注目したいのは、「個性的」「個性化」「個性派」という三つの派生語表現である。その登場件数を整理したのが表5－2であるが、ここに示されている通り、書籍タイトルのかたちでは、これらの表現はいずれも一九七〇年代あたりから登場し始めたことがわかる。以下、これら「個性」の語の派生語としての展開について、詳しくみていくことにしたい。

派生語①――「個性的」

注目される派生語的展開の、まずは筆頭格ともいうべき存在が「個性的」という表現である。書名リストの中から具体例をいくつかピックアップすると、たとえば「個性的街づくり」「個性的な名前の付け方」「個性的な住宅」「個性的に生きる」などを挙げることができる。表5－3はその分野別の登場件数を整理したものだが、これによると、この語は特定の分野に偏らず、比較的幅広いジャンルにわたってまんべんなく登場している様子が看てとれる。後述する通り、この「個性的」の語は現在では国語辞典の子見出しとしても立項されており、それほどに日常語としてもすっかり定着した表現と言えるだろう。

もちろんここで「――的」という表現自体は、さまざまな名詞語彙と自在に結びついて形成される定型表現のひとつであることがよく知られている通りである。したがってより古い時期の用例を探し出すことも、それほど難しくはないはずである。しかしながら、ここで重要なのは、それは「個性」という名詞と「的」という接尾語との単なる接続表記というよりも、今やそれ自体が自立した形容動詞として流通していることである。このように単なる漢語的表現ではなく、今日の我々に馴染み深い「彼は個性的な人物だ」のような自立した形容動詞的表現は一体いつごろから一般化したのだろうか。

表5－3　「個性的」を書名に含む図書の件数、ならびに領域分布の推移

刊行年	総件数	A 政治・法律・行政	D 経済・産業	E 社会・労働	**F 教育**	G 歴史・地理	H 哲学・宗教	**K 芸術・言語・文学**	M～S 科学技術	U 学術一般・ジャーナリズム	**Y 児童図書・簡易整理資料・教科書・専門資料室資料・特殊資料**
1970–79	**8**	1	0	1	**0**	0	1	**0**	0	2	**3**
1980–89	**15**	1	6	1	**2**	0	1	**0**	1	3	**0**
1990–99	**18**	1	1	0	**6**	0	1	**4**	3	0	**2**
2000–09	**19**	0	1	1	**3**	1	0	**5**	3	1	**4**
2010–19	**21**	0	0	1	**2**	1	0	**2**	2	1	**12**

出典）表5－1と同じ。

　この課題をめぐって参照に値するのは、「教育的」という語の初期的様相について詳細に跡付けた広田照幸の研究（広田二〇〇一）である。広田は、戦前期の教育雑誌内のテキストの中から「教育的」の語の用例を丹念に拾いあげて、こうした表現の普及プロセスと用法の変化を分析し、〈教育的なるも

の〉が近代日本の言説空間を覆っていく様を鋭く摘出している。

そこで明らかにされたのは、初期の使用事例にみられた機械的な翻訳語としての用法（たとえば「教育的心理学」）や、「教育の／に関する」という意味の用法（たとえば「教育的政治家」「教育的実業家」「教育的団体」）が、時代が下るにつれて徐々に淘汰され、やがて価値的・規範的なニュアンスの用法（たとえば「教育的効果」「教育的価値」「教育的に」）だけが生き残り、増殖していくというプロセスであった。

「教育的」の語をめぐって広田が明らかにしている前記の展開は、一九〇〇年前後から一九二〇年代にかけての状況であったが、これよりも少し後の時期において「個性的」という言葉にも同じような経過が起こっていたことは十分に考えられる。そこで、今回利用した図書データと同じ国立国会図書館提供のリソースの中から、別のデータベースを使って広田と同様の分析を試みてみることにしよう。

ここで利用するのは、同図書館デジタルコレクション内の雑誌目次検索である。これは同図書館の管理するデジタル資料を収録したアーカイヴであるが、ここに収められている雑誌記事の中から、目次検索によって「個性」の語を含む記事タイトルの事例をリストアップしてみた。雑誌記事ベースのデータなので、理屈のうえでは刊行図書ベースの表5－2よりも、はるかに多くの用例採取が可能であることが、その大きな特長と言える。しかしその一方で、原則論的に全数データであった蔵書の書名リストとは異なり、こちらの場合はデータベースの成り立ち上、計量的な分析に堪えうるようなデータの代表性は期待できないことが難点である。とは言え、用例を拾う目的の探索的な利用なら十分に有効であるだろう。

かくして同データベースにより「個性的」の語を含む雑誌記事の目次タイトルについて、「古いもの順」にとりあえず五〇件をリスト化したものが表5－4である。前述した通り、こちらは雑誌記事ベースなので、刊行図書ベースである表5－2よりも、網をかける範囲が広くなったぶん、結果的により早い時期の用例が拾えていることがわかる。ともあれ、これだけでも一九一〇年代から六〇年代にかけての「個性的」の語をめぐる用法の変化を窺うには、さしあたって申し分はないだろう。もちろん目次タイトルだけでは文脈が十分には読み取れないため、用例のひとつひとつに対して正確な分類を施すことは難しいが、それでも時間とともにその用法が徐々に変化していく大まかな流れは看取可能である。

これによると、初期の用例は、たとえば「個性的覚醒」や「個性的原因」「個性的差異」など、漢語的用法がもっぱらであることが確認できる。これらの用例は今日ではほとんど見かけることのないものであり、広田の分類で言うなら、機械的翻訳としての用法、ないしは「の／に関する」という意味の用法に相当することになるだろう。

それに対して「個性的な」という表現に代表されるような価値的な用法は、早い時期にもそれらしき用例がちらほらとは散見されるものの、それが優勢となるのは一九四〇年代あたりからと言えそうである。この一連の変化は、英語で表記したほうがかえってわかりやすいかもしれない。すなわち、もともとは中性的な用法に過ぎなかった「個性的」の語は、“individual”という本来の語義から離脱して、もっぱら“unique”を意味する言葉へと変質していったのである。

1949.4	**個性的**なデザイン四種（家庭洋裁）	主婦と生活．4（4）
1951.5	**個性的**創造のために――私の読書法	読書人．［復刊］（2）
1951.6	**個性的**と普遍的	国文学：解釈と鑑賞．16（6）（181）
1951.7	**個性的**作品について〈五月号作品をめぐつて〉	新日本歌人．6（7）（62）
1952.9	鼎談 現代俳句の出発――ホトトギスの**個性的**時代	俳句．1（4）
1954.4	**個性的**な学級経営	教育．4（4）（31）
1954.9	**個性的**学級テーマ	小一教育技術．8（6）
1955.9	**個性的**商品への関心高まる	ダイヤモンド：経済雑誌 43（38）
1955.10	**個性的**な「出雲の阿国」演出の意図	歌劇（361）
1956.2	**個性的**なにおいを	実践国語．17（184）
1956.11	服飾一言居士を訪ねて＝**個性的**なおしゃれを楽しむ黛敏郎さん	装苑．11（14）
1957.4	美しい**個性的**な文章《文章教室》	文章クラブ．9（4）
1957.6	デッサン・**個性的**錯誤	みづゑ．（623）
1957.9	**個性的**なお化粧だけがほんとうのお化粧です	知性．4（6）
1958.3	**個性的**内容を	潮汐．14（3）
1958.4	既製服はこんなふうに**個性的**に着る	それいゆ．（50）
1958.5	**個性的**な仲代達矢	映画情報．23（5）（72）
1959.3	より**個性的**な材質を求めて――欧米の作家たちのさまざまなこころみ	美術手帖．（155）
1959.6	特集 生きた保育のかんどころ 保育のかんどころをさぐる 子どもは**個性的**である	幼児と保育．5（3）
1959.8	**個性的**センスのある店舗	ナショナルショップ 13（8）
1959.10	**個性的**思考	国文学:解釈と鑑賞．24（11）（282）
1959.12	**個性的**な愛情との結びつきが大切	人生手帖．8（12）
1960.1	**個性的**な作品の創造を十一月号作品合評	新日本歌人．15（1）（159）
1960.4	**個性的**デザインを	カラーデザイン．6（4）
1960.6	世界の教科書を散歩する **個性的**な国語教科書	教育展望．6（6）

出典）「国立国会図書館デジタルコレクション」より作成。
注）「古い順」50件をリスト化。

表5－4 「個性的」を目次タイトルに含む雑誌記事リスト

発行年月	目次タイトル	収録誌名
1912.1	研究 **個性的**と類性的（文芸講話）	新潮．16（1）
1913.5	団体の健全なる発達は**個性的**覚醒に在り	実業の世界．10（9）
1916.9	**個性的**教育	教育学術界．33（6）
1920.12	売笑婦となる**個性的**原因	社会及国家（82）
1925.2	非**個性的**の芸術	心の花．29（2）
1925.9	聴領域ノ組織学的検査及ビ其ノ**個性的**差異並二聾唖者ニ於ケル同部域ノ変化（上）	神経学雑誌 25（8）
1925.10	聴領域ノ組織学的検査及ビ其ノ**個性的**差異並二聾唖者ニ於ケル同部域ノ変化（中）	神経学雑誌 25（9）
1925.11	聴領域ノ組織学的検査及ビ其ノ**個性的**差異並二聾唖者ニ於ケル同部域ノ変化（下）	神経学雑誌 25（10）
1926.6	**個性的**な抒情詩	詩歌時代．1（2）
1927.9	原著 家兎副腎「アドレナリン」量ノ**個性的**差異ニ就テ	慶應医学．7（9）
1927.11	非**個性的**の芸術――（新古今時代の研究）	藝術．5（30）
1933.8	学童ノ体操ニ更ニ**個性的**ノ取扱ヲ加味スラ可キニアラザルカ	日本学校衛生．21（8）
1933.10	**個性的**な現代米國の小説	英語研究．26（8）
1934	資料　**個性的**犯罪心理研究の一例	法学協会雑誌 52（6）
1935.1	シルレルに於ける**個性的**展開	エルンテ．7（1）
1935.7	余独特の**個性的**治療による胃下垂胃アトニーの根本的治療法に就て（一）	醫海時報．（2132）
1935.7	余独特の**個性的**治療による胃下垂胃アトニーの根本的治療法に就て（二）	醫海時報．（2133）
1936.1	雑録 孔子に於ける妥当性の**個性的**実現の問題	斯文 18（1）
1936.10	歴史的実体の**個性的**性格	道徳教育．5（10）
1939.10	八代集における**個性的**展開	国文学：解釈と鑑賞．4（10）（41）
1940.5	**個性的**にして世界的	真理．6（5）
1940.11	**個性的**な犬の嗅覚	動物文学．71（71）
1941.5	**個性的**なものへ	若葉．（157）
1943.4	書風の基礎としての**個性的**動作を論ず	書之友．9（4）
1948.9	**個性的**表現を強く	短歌山脈．11（9）

ちなみに戦後の国語辞典を調べてみると、管見の限り最も早いものでは、一九五一年刊行の辞書に「個性的」の語が子見出しのかたちで立項されていることが確認できる（久松潜一編［一九五二］『新編国語辞典』国民図書刊行会）。

まだまだこれだけでは正確な断定は難しいが、このように価値的な意味あいを含みつつ、また形容動詞としても自立した「個性的」の用法は、およそ一九四〇年代頃には徐々に浸透しつつあったらしいことが推測可能である。そして図書タイトルにも登場してくる一九七〇年代以降というのは、このように新しい用法として自立した「個性的」の語が、一気に拡散していくプロセスであったということになりそうである。

派生語②――「個性化」

さて、注目すべき派生語的展開の二つ目は「個性化」という表現である。この表現が臨教審答申の中で多用されていたことは、すでに第3章でも論及した通りであるが、表5－2によると、図書タイトルにおいては特に一九八〇年代以降の件数の増加が顕著であり、これもまた第二のブーム期における新しい流行表現のひとつであったことが、あらためて了解できるはずである。

そしてその分野別の分布を示したのが、表5－5である。これによると、用例として多いのは「F：教育」のカテゴリーであり、そしてそれに次いで「D：経済・産業」が一定数の存在感を示していることが見てとれる。

「F：教育」内の具体的な用例として挙げられるのは、「個性化教育」のほか「学校の個性化」

「学習の個性化」などである。これらのターミノロジーからは、くだんの臨教審答申の文脈が真っ先に想起されるところであるが、ただし、書籍タイトルのかたちとしては、これらの事例の中でも有力な部分を占めていたのは、この時期に「全国個別化教育研究連盟」という研究団体によって推進されていた「個別化・個性化教育」の関連図書である様子が看取できる。同連盟は一九八四（昭和五九）年に設立され、一九八九（平成元）年には「全国個性化教育研究連盟」と改称し、さらに二〇〇八（平成二〇）年に「日本個性化教育学会」へと発展して現在に至っている。つまり教育研究の領域においても、一九八〇年代にはたしかに、一斉授業への囚われからの離脱を目標として掲げ、児童生徒の個別性に照準した教育実践の模索が進められつつあったわけである。これは第1章で取り上げた成城小学校などによる実験的企ての、時をまたいだ継承の取り組みとして位置づけることもできるだろう。

　しかしながら、大正新教育の頃とは異なり、むしろこのような個別の教育実践研究の取り組みを大きく超えたところで「個性」の語があふれかえるよう

表5－5　「個性化」を書名に含む図書の件数、ならびに領域分布の推移

刊行年	**総件数**	A 政治・法律・行政	**D 経済・産業**	E 社会・労働	**F 教育**	G 歴史・地理	H 哲学・宗教	K 芸術・言語・文学	M～S 科学技術	U 学術一般・ジャーナリズム	Y 児童図書・簡易整理資料・教科書・専門資料室資料・特殊資料
1970–79	**4**	0	**2**	0	**2**	0	0	0	0	0	0
1980–89	**44**	1	**13**	1	**24**	0	0	0	3	0	2
1990–99	**50**	2	**7**	0	**33**	0	0	1	7	0	0
2000–09	**21**	0	**6**	2	**10**	0	0	0	1	0	2
2010–19	**10**	0	**0**	3	**2**	0	0	1	2	0	2

出典）表5－1と同じ。

になったことこそが、この期におけるブームの本質的な特徴と言えるだろう。その意味で、ここでより注目に値するのはむしろ「F：教育」領域以外の用例のほうである。前述の通り「F：教育」に次いで「個性化」の語の登場件数が多いのは「D：経済・産業」であるが、そこに並ぶのは「企業の個性化戦略」「個性化時代の商品哲学」「個性化社会の人材開発」といった類の用例である。書籍の本文からも、「個性化」に言及した該当箇所を少しだけ以下に引用しておくことにしたい。

八〇年代に入って、画一的なマス・コンシューマーによって支えられてきた産業大衆化社会が大きく崩れようとしている。〔中略〕このような市場背景のもとで、小売業が個性化へ活路をひらくということは、競争条件の優位を確立するという意味からも、今、大変重要なポイントであることはいうまでもない。（奥住正道［一九八二］『成熟社会の流通戦略――個性化路線をとれ』マネジメント社、五〜七頁）

大衆時代の一九六〇年代、多様化時代の七〇年代を経て、タップリの衣料を所持し、キャリアを積んできた消費者たちが、「量から質へ」の転換と同時に、個性時代への突入を表面化したのが八〇年代前期。そして、いまやこの個性化時代は底辺まで浸透し、すっかり定着している。（境野美津子［一九八五］『ファッション革命――個性化・分衆化の時代がやってきた』教育社、九頁）

これらの引用からは、同じ時期に学校教育の画一性が批判されていたのと非常によく似た状況が読みとれる。要するにビジネスの世界でも、「個性化」はある種の理想状態を表現する定型句となっていたのである。ともかくも差異こそが価値であり、そしてそれが大衆的規模において目指されるべき目標となったことが、これらの事例には明瞭に映し出されているように感じられる。

なお、かつての大正新教育時代の「個性尊重」の教育実践がしばしば「個性教育」と称されていたのに対して、臨教審以降の教育改革をめぐる動向に対しては「個性化教育」というフレーズが充てられることが少なくないが、ここには二度の個性ブームのあいだの微妙なニュアンスの違いが投影されているようにも映る。かつて大正新教育下の「個性教育」の時代には、児童一人ひとりの「個性」というものが実体として存在することをあらかじめ想定したうえで、その個性を「把握すること」や「生かすこと」が目標とされていたわけだが、それに対して、あえて「個性化」を強調する語感からは、いまや「個性そのもの」が価値となり、それ自体を目標として追求しようとする態度が集約的に示されているかのように感じられるのである。

派生語③――「個性派」

同じく表5－2に示しておいた通り、とりわけ一九八〇年代以降において注目される派生語的展開のもうひとつが「個性派」という言葉である。

これについてもその分野別の分布状況を調べてみたが、それを示した表5－6によると、件数

表5－6　「個性派」を書名に含む図書の件数、ならびに領域分布の推移

刊行年	総件数	A 政治・法律・行政	**D 経済・産業**	E 社会・労働	F 教育	G 歴史・地理	H 哲学・宗教	**K 芸術・言語・文学**	M~S 科学技術	U 学術一般・ジャーナリズム	**Y 児童図書・簡易整理資料・教科書・専門資料室資料・特殊資料**
1970–79	**5**	0	**1**	0	0	0	0	**0**	0	0	**4**
1980–89	**33**	0	**6**	2	1	3	0	**4**	2	1	**14**
1990–99	**28**	0	**7**	2	2	1	0	**10**	1	2	**3**
2000–09	**39**	0	**3**	2	0	2	0	**6**	0	0	**26**
2010–19	**61**	0	**6**	4	2	1	1	**5**	1	0	**41**

出典）表5－1と同じ。

が多いのは「D：経済・産業」「K：芸術・言語・文学」「Y：児童図書・簡易整理資料・教科書・専門資料室資料・特殊資料」の各ジャンルである。つまりは、もっぱら「F：教育」以外の領域で頻出していることが、この表現の大きな特徴と言える。

具体例を挙げるなら、D分類では「個性派企業」「個性派経営者」、K分類では「個性派美術館」「個性派ピアニスト」「個性派ヒーロー」などがそれである。Y分類は、NDLCの図書分類においてはいわば残余カテゴリーに相当するものであるが、「個性派バイク」「個性派ペンション」「個性派年賀状」「個性派ショップ」「個性派予備校」など、レジャーや趣味といった領域での登場が目立つ。

自己顕示的というべきか広告的というべきか、ともかくもこれはキャッチフレーズ的な場面で使われることの多い表現と言えるだろうが、これもまた第二のブーム期以降に普及しはじめた新しい派生語表現にほかならない。今回とりあげた三つの派生語の中でも、消費社会的な文脈に対して最も親和的な用法であるとも言える。この表現が前提としている世界観はおそらく、平板で型には

まった圧倒的多数者から成る地平の上に、ユニークな特徴をそなえた少数派の一群――「個性派」――がそびえたっているというイメージなのだろう。

前記の「個性的」や「個性化」にしてもそうであるが、それはもはや、かつて「個性調査」の実践が前提としていたような、すべての個人に等しなみに備わる特性という語感ではなくなっている。「個性」は今や、それをして持てる者と持たざる者とに二分される事態に至ったわけであり、そして個性的なものをめぐる争奪戦が、日常的なものとなっていったことが示されているように思われる。

「個性」という用語のはらみもつ、こうしたレトリカルな位相における豊饒さは、日本語表現としても抜きん出て際立った特徴と言えるのではないだろうか。たとえばここで比較対象として、同じく心理学的な含みをもつ「知能」という言葉を例にして考えてみると、こちらはそれなりに社会的に定着した用語でありながらも、「個性」ほどのポピュラリティーを備えているとは言い難い。たとえば「知能的」という表現を、我々はふだん目にしないわけではないが、それは「個性的」ほどには形容動詞として自立した語彙になっているとは言えないだろう。すなわち、「知能的な犯罪」というような言い回しをすることはあっても、「彼は知能的だ」という表現は決して一般的ではない（むしろ「彼は知的だ」と言うだろう）。このことは「知能化」や「知能派」にしても同様である。

現代日本における個性概念の特性を理解するうえで、この語彙そのものに備わるこうしたレトリカルな性格は、きわめて本質的な要素のひとつであるように思われるのである。

表5－7 「個性」とその派生語を見出しに含む新聞記事数の推移

発行年	「朝日新聞」				「読売新聞」			
	「個性」	「個性的」	「個性化」	「個性派」	「個性」	「個性的」	「個性化」	「個性派」
1900–09	1	0	0	0	1	1	0	0
1910–19	2	0	0	0	22	0	0	0
1920–29	15	0	0	0	34	0	0	0
1930–39	35	1	0	0	69	4	0	0
1940–49	9	0	0	0	13	0	0	0
1950–59	25	3	1	0	81	18	0	0
1960–69	57	4	0	0	190	42	1	2
1970–79	213	21	2	28	406	47	15	21
1980–89	391	40	18	45	588	60	44	88
1990–99	413	45	19	68	1002	90	61	301
2000–09	761	57	16	146	685	74	14	98
2010–19	566	38	3	89	463	55	1	45

出典）「朝日新聞クロスサーチ」ならびに「ヨミダス歴史館」より作成。
注）地域版・地域面は対象から除外した。

「新教育」の社会的帰結

あらためてまとめておくことにしよう。この章で明らかになった知見は大きく三点である。第一に、日本社会における「個性ブーム」と呼べるようなステージは確かにこれまでに二度あったこと。第二に、その展開は教育実践の領域からレトリックの位相へのシフトとして把握できること。そして第三に、同じくその展開は「個性」の語の使用場面の領域拡大でもあったという事実である。またそのうえで、「個性的」「個性化」「個性派」という三つの派生語表現が多用されるようになった趨勢について詳しく確認してきた。

なお、これらの事実は刊行された図書のタイトルの分析から導かれた知見であったわけだが、これまでの論証を補う意味で、ここには別のデータも示しておくことにしたい。新聞記事データベースによって、表5-2と同様の解析を行った結果が表5-7である。こちらは『朝日新聞』と『読売新聞』のそれぞれについて、見出しに「個性」の語を含む記事件数の推移を整理したものであるが、表5-2の内容と比べてみると、時期区分は多少前後するものの、趨勢そのものとしてはほぼ同型とみて差し支えないはずである。すなわち「個性」の語の登場件数は、一九二〇年代から三〇年代にかけて一定の隆盛をみたのち、一九四〇年代以降いったんは停滞し、そして一九七〇年代あたりから再び急上昇を遂げるという、図書タイトルの場合とほぼ相似的な経過が確認できる。

また、そのことは「個性的」「個性化」「個性派」という三つの派生語の展開についても同様である。それぞれ登場しはじめた時期に多少のずれはあるものの、これらの派生語はいずれも一九七〇年代前後に流布し始めた表現であったことが確認可能である。

ちなみにもうひとつ、補助的な資料も挙げておくことにしたい。『広辞苑』の前身である『辞苑』初版（一九三五年刊）の「個性」欄の子見出しとして「個性教育」が立項されていた事実については第1章ですでに論及したところであるが、あらためてこの百科兼用中型国語辞典のその後の記載内容の変遷を整理したのが表5-8である。一瞥してわかる通り、「個性」の語釈そのものにたいした変化があるわけではない。この間に変化したのは、語義自体ではなく、この言葉の使われる場面での文脈や含みのほうだからである。したがって注目すべきはもちろん、そこに加えられた子見出しの変遷のほうである。

具体的にみていくと、戦後の再スタートとなった一九五五年の初版『広辞苑』では、「個性教

表5－8『辞苑』『広辞苑』における「個性」項目の記述内容の推移

書名	刊行年（版）	「個性」
『辞苑』（博文館）	1935（初版）	こ-せい〔個性〕（名）①個人の特性。②個体の特性。――きょういく〔個性教育〕（名）【教】社会的に価値ある個人的人格の特質を見出して之を誘導し、その天分を発揮させる教育。
	1943（第2版）	（初版と変わらず）
『広辞苑』（岩波書店）	1955（初版）	こ-せい【個性】①個人に具わり、その個人を他の個人と異ならせる性格。②個物または個体に特有な特徴或は性格。―しんりがく【個性心理学】（differential psychology）心理学の一部門。各個人・群・種族などの個性、即ちその精神的差異に主眼をおいて研究する学問。個人心理学（individual p.）を含む。⇔普通心理学。―ちょうさ【個性調査】教育指導・進学指導・職業指導などを合理的に行うために生徒の個性について諸種の事項を調査すること。
	1969（第2版）	こ-せい【個性】①（individuality）個人に具わり、その個人を他の個人と異ならせる性格。②個物または個体に特有な特徴あるいは性格。―しんりがく【個性心理学】個人差をあつかう心理学。差異心理学。―ちょうさ【個性調査】教育指導・進学指導・職業指導などを合理的に行うために児童・生徒の個性について調査すること。
	1983（第3版）	こ-せい【個性】①（individuality）個人に具わり、他の人とはちがう、その個人にしかない性格・性質。②個物または個体に特有な特徴あるいは性格。―しんりがく【個性心理学】個人差をあつかう心理学。→差異心理学。―ちょうさ【個性調査】教育指導・進学指導・職業指導などを合理的に行うために児童・生徒の個性について調査すること。
	1991（第4版）	こ-せい【個性】①（individuality）個人に具わり、他の人とはちがう、その個人にしかない性格・性質。「―を伸ばす」②個物または個体に特有な特徴あるいは性格。―てき【個性的】個性が表れているさま。独特なさま。「―的な文章」「―的な顔立ち」
	1998（第5版）	（第4版と変わらず）
	2008（第6版）	（第4版と変わらず）
	2018（第7版）	（第4版と変わらず）

育」は消えて、「個性心理学」と「個性調査」が新たに立項されている。ここで「個性心理学」とは、知能検査の開発など、個人差を研究対象とする心理学下位領域の当時における総称である。そして当該科学の学校現場への適用として「個性調査」の実践があったことは、第2章において詳しく取り上げてきた通りである。これらの用語の辞書搭載の事実からは、この実践の学校世界へのそれなりの定着ぶりが察せられるところであるだろう。

ただし逆に、これらの子見出しの搭載が一九八三年刊行の第三版まで続いているのは、たんなる惰性的な継続であったようにも感じられるのだが、ともあれ一九九一年の第四版からはこの二つが消えて、代わりに「個性的」が加わることになる。つまりは実践に関わる用例が退場し、レトリックとしての用例がそれに置き換わったわけである。

時期的な対応関係にいささかズレがあることは確かだが、辞書への搭載（ならびに削除）までのタイムラグと考えれば一応説明はつくはずである。ともあれ『広辞苑』におけるこのような記載内容の変遷には、今日までにこの語彙がたどってきた社会的な軌跡がひっそりと刻印されていたと言える。

このように個性概念の沿革が、語彙としてのたんなる「普及」といった単線的な推移ではなかったという事実はあらためて銘記されるべきであろう。とりわけ今日的な状況の直接的な起点とも言える第二のブーム期における展開は注目に値する。この期において「個性」という言葉は、かつてのように教育領域だけに限らず、「理想の街づくり」や「異色の経営者像」や「魅力的な商品開発」等々を表現するための便利なマジックワードとして多用されるようになっていく。

しかもその使用される場面は硬軟を問わない。教育政策や地域行政、社会福祉からビジネス、ファッション、趣味にいたるまで、さまざまな領域にわたって「個性」を援用した語りのスタイルが広く拡散していくことになったのである。

教育界における個性概念の最初期の普及プロセスが、もともとは「大正新教育」と呼ばれる思想的潮流によって導かれたという経緯については既述した通りだが、そうした観点から眺めてみると、今日につながるこうした状況はなかなか意味深く感じられる。個性主義へと傾斜する臨教審の態度に対して、第3章ではそれを「個性」イメージの政治利用として捉えたが、じつは同じ頃、より広範な社会的レベルにおいても、それと同様の事態は大いに展開され始めていたのである。

大正新教育の時代に種を撒かれた「個性」の語にまつわる価値的なイメージは、こうして時を隔てて再び勢いを盛り返し、教育領域を超えて、よりさまざまな場面で利活用されていくようになって行った。してみるとこれもまた、社会的な意味での新教育のひとつの帰結だったと言えないだろうか。

我々はそれほどまでに「個性」の語に魅了され、呪縛され、そして幻惑されてきたのである。

第6章

障害と「個性」——包摂のレトリック

1　「障害も個性」への共感と反発

『五体不満足』と「個性」

前章までに確認してきた通り、日本社会はこれまで「個性ブーム」と呼べるような状況を二度経験してきた。そして現在はというと、さすがにそのピークは過ぎ去ったように見えるにしても、おそらく基調としてはなお、二度目のブームの延長線上に位置していると言えるのだろう。少なくとも、この時に現れた個性概念をめぐる根本的な特徴――実体的なものとして対象化されることはなく、もっぱらレトリカルな次元で流通しているという――は、その後も変わりなく持続しているように見えるのである。

それでもしかし、ある時期からそこには微妙に新たな様相が付け加わってきたようにも思われる。それまでの「差異化のレトリック」とは明らかに異なる新しいタイプの用法の登場が確認できるからである。すなわち本章では、一九九〇年代後半あたりから「障害も個性のひとつ」といったタイプの言説が流布し始めた事実に注目していくことにしたい。

こうした事象は先行研究においてはしばしば「障害個性論」などと表記されたりもしているが、それは決して特定の論者によって主張された首尾一貫した議論というわけではなく、匿名の不特定多数者によって交わされる定型的表現の類であるため、「論」という括りはあまり相応しくはないように思われる。そこで本書ではこれを「障害個性言説」と総称しておくことにしたい。

さて、ここで第３章や第４章と同様に、戦後のベストセラー書籍の中から本章での議論に関わりの深い象徴的な一書を挙げることにするなら、まちがいなくそれは乙武洋匡《ひろただ》著『五体不満足』（講談社、一九九八年）ということになるだろう（図６－１）。先天性四肢欠損症という障害をもって生まれた著者は、同書の刊行当時は早稲田大学に在学中の大学生だった。両手両足がないというハンディを抱えながらも、幼稚園、小学校から大学まですべて普通校で過ごし、クラブ活動までこなしてきたという著者の半生が、軽妙な筆致で綴られている。「障害は不便です。だけど不幸ではありません」というヘレン・ケラーの言葉を引用しながら、障害に対する新しい見方を提示した内容が共感を呼び、同書は刊行翌年には五〇〇万部を超える記録的なベストセラーとなった。前出の『窓ぎわのトットちゃん』によって描かれていたのが学校世界のユートピアであったとするなら、同書が提示した「心のバリアフリー」の境地は福祉社会のユートピアであったろう。

図6－1　乙武洋匡『五体不満足』（講談社、1998年）

そんな同書の中で、障害個性言説に言及されていたのは次の箇所であった。

「障害は個性である」という言葉をよく耳にする。ボクには、なんだか、くすぐったい。健常者には、ただの強がりに聞こえる場合もあるようだ。子どもの頃は「特長」と捉えていたボクの障害だが、今では、単なる身体特徴にすぎないと考えるようになった。太っている人、やせている人、背の高い人、低い人。色の黒い人、白い人。そのなかに、手や足の不自由な人がいても、なんの不思議もない。よって、その単なる身体的特徴を理由に、あれこれと思い悩む必要はないのだ。(乙武一九九八、二五七頁)

この引用において著者は、自らの障害を「単なる身体的特徴のひとつ」と捉えつつも、「障害は個性である」という見方に対して基本的には同調的なスタンスを示しているようにも読める。しかし後述する通り、この頃このタイプの言説に対しては、世間には共感の声もあった一方で、それに批判的な議論もたびたび提出されていた。おそらくはそうした状況をふまえてのことだろう。『五体不満足』から約一〇年を経た時点で、この著者は自らのオフィシャルサイトに次のような書き込みを行っている。

「障害は個性です」と語る乙武さん――。
みなさんも、どこかで見聞きしたことのある文言かもしれません。
でも、じつは、僕は一度もこのセリフを口にしたことがないんです。
個性とは、「その人らしさを形成する上で、必要不可欠な要素」。
だから、本来の意味で言えば、障害も個性なのかもしれません。

でも、やはり日本で「個性」という言葉が使われるとき、そのほとんどが肯定的な意味であることが多いように思うんです。

それでも、「障害＝個性」と言えるのか？

ならば、障害という個性があこがれられたりもするのか？

たぶん、答えはＮＯだと思います。

だから、僕自身は「障害＝個性」と言いきってしまうことに、少なからず抵抗を感じてしまうのです。

Twitterでそんなことを書いていたら、こんなツイートをいただきました。

「じゃあ、乙武さんにとって障害とは？」

僕にとって障害とは、「二児の父」「メガネをかけている」――そうした要素とならんで、乙武洋匡を形成する数ある特徴のひとつ。

そして。

性格や能力、そして障害も含めた僕自身を形成するすべての特徴を振り返り、それらを生かして、「自分にしかできないこととは……」と考えたとき、そこに初めて「個性」が生まれると思っているのです。

僕は、この手足がないという特徴を生かして、多くの人々に「みんなちがって、みんないい」というメッセージを伝えていきたい。

それは、『五体不満足』から一貫して強く思っていることです。

そうした信念で活動していくことが、僕の「個性」だと思っているから。
（乙武洋匡「「障害」＝「個性」？」「OTO ZONE 乙武洋匡オフィシャルサイト」https://ototake.com 二〇一〇年九月二六日付）

当人の言う通り、たしかに前出の引用箇所では、「障害は個性である」という言葉を「よく耳にする」と述べていたのであって、自らがストレートにそれを主張していたわけではなかった。ただし、同書内の別の箇所では、自分の身体について「超個性的な姿で誕生し、周囲を驚かせた」（二頁）とか、「生まれてきた時から個性的だった」（一一頁）とも語っていたので、それがまったくの誤読とも言い切れないようにも思われるのだが、ともあれオフィシャルサイトのこの文面からは、自らが障害個性言説を拡散させた中心人物であるかのように世間から扱われてしまうことに対する当惑や苛立ちのようなものが垣間見える。つまり、それほどまでに「障害は個性」という言葉は、多くの人々の心中をざわつかせる存在だったわけである。

念のため言い添えるが、障害は果たして「個性」なのかという問いに対して、これを本質論的なスタンスから議論することにはまったく意味がない。なぜなら、「個性」をどう定義するかによって、当然のことながらその答えも変わって来ざるを得ないからである。実際に、かつての「個性調査」の文脈からするなら障害はまちがいなく「個性」であったろう。すでに本書でも確認してきた通り、この実践のもとでは、知能程度や身体的特徴、そして成育歴までもが「個性」の構成要素として位置づけられていたわけで、こうした個性観のもとでなら、障害こそはむしろ、当人の個人性を表現する最も明快な身体的特徴の一部と見なされたはずである。

したがってここで注力していくべきは、こうした言説が社会的に流布するという状況そのものについての社会学的な解析の作業である。この障害個性言説をめぐっては、これまでにも主として障害論としての文脈からの批判的検証のほか、一連の経緯をふまえた整理的な検討の作業もなされてきたが（茂木二〇〇三、河野二〇〇〇、山岸二〇〇九、土田二〇一五など）、本書では「個性」そのものの側に照準する立場から、あらためてこのテーマを取り上げていくことにしたい。

さて、となると個性概念の社会的流通の沿革において、それはいかなるステージを画する出来事であったと言えるのか。あらかじめ主要論点を先取りしておくことにすると、それは「個性」をめぐる語りのスタイルにおいて、それまでの「差異化のレトリック」とは異なる新しい次元――「包摂のレトリック」が浮上する契機であった、というのがここでの見立てである。詳しく見ていくことにしよう。

『障害者白書』の波紋

「障害も個性のひとつ」といったタイプのレトリックは、すでに一九七〇年代に脳性麻痺者の団体である「青い芝の会」によって打ち出されていたと言われることがあるが、実際に調べてみると、それらしき具体的事例にはなかなかたどり着かない。たとえば同団体のリーダー的存在であった横塚晃一の主著『母よ！殺すな』（横塚二〇〇七）中には直接そういう言及のある箇所は見当たらないし、同団体に触れた新聞記事の中にも特にそうした文言を見出すことはできなかった。

たしかに、障害者への差別を告発し、その尊厳を追求した同団体の主張は、のちの障害個性言説の趣旨に通じるものであったとは言えるだろう。しかし、そこでは実際にこのレトリックが駆使されたというわけではなかったと見られる以上、これをもって障害個性言説の一形態とみなすわけにはいかないだろうと思われる。

新聞記事検索で探してみたかぎりでは、『朝日新聞』紙上に「障害もその子の個性」と題した一九八二年の記事が、このレトリックに言及した最初の事例であった。「障害を持っていることも、その子の個性と考えている」という理念を掲げ、障害を持つ子と持たない子の統合保育の実践に取り組んでいる保育園の記録映画の完成を報じた記事である（「障害もその子の個性」『朝日新聞』一九八二年三月一九日）。

このように散発的なものなら、それなりに早い時期の事例を挙げることができないわけではないが、しかし、障害個性言説が論争的なトピックとして話題となった最初の出来事といえば、平成七年版の『障害者白書』（総理府編一九九五）が「バリアフリー社会をめざして」というサブタイトルを掲げて、この考え方を大きく取り上げた時のことである。同白書は、バリアフリーを実現するために克服されるべき四つの障壁（物理的な障壁／制度的な障壁／文化・情報面の障壁／意識上の障壁）を示したうえで、その中でも意識上の障壁を乗り越えるための有効な視点として、この「障害は個性」という障害者観を提示したのだった。

「共生」の考えを更に一歩進めたのが、障害者自身や障害者に理解の深い人達の間で広まってきている「障害は個性」という障害者観である。我々の中には、気の強い人もいれば弱い人もいる、記憶力のいい人もいれば忘れっぽい人もいる、歌の上手な人もいれば下手な人もいる。これはそれぞれの人の個性、持ち味であって、それで世の中を二つに分けたりはしない。同じように障害も各人が持っている個性の一つととらえると、障害のある人とない人といった一つの尺度で世の中を二分する必要はなくなる。（総理府編一九九五、一二頁）

これは障害者を特別視するのではなく、一般社会の中で普通の生活を送れるような条件を整えていくべきだとする、障害学で主唱されているところの「ノーマライゼーション」の理念に即した提案であった。社会生活の様々な場面において、障害者が身近に存在していることが当たり前の風景として感受されるような状況を言い表すために、ここにあえて「個性」というレトリックが動員されたのである。

第4章で取り上げた若者文化の文脈では、むしろ「ノーマル（普通）」とは対極的な位置を占めていたはずの「個性」の語が、ここではそれとはまるで正反対の意味合いで使われていることに注目しておきたい。ここにはノーマルからの差別化ではなく、そこへの組み込みが志向されているのである。つまりこれは、決して従来型の「差異化のレトリック」ではない。「個性」の語を使った話法としては新しい類型とみるべき「包摂のレトリック」だと言える。

もちろん「個性」の語の含意として、「差異化」と「包摂」とは以前から両方ともありえたものだったろう。実際、一九八一年刊行の『窓ぎわのトットちゃん』にしても、それ自体はじつは

「包摂」のほうを志向する内容だったと言えなくもない。しかしながら、第3〜4章で論じてきたように、現実には同書そのものは、もっぱら情緒的に消費されるにとどまり、世間の人々は「個性」を受容することよりも、それを発揮することのほうに関心を向けて行ったのだった。つまり、その後の日本社会で幅を利かせて行ったのは、もっぱら差異化のレトリックのほうであった。それがここへ来て、新しい局面に到達したように見える。この『障害者白書』の記述は、その重要なステップのひとつであったろう。

さて、一見したところ前記の引用箇所はたいへん慎ましやかな提言であったかのようにも映るが、こうした障害者観をめぐっては、障害をもつ当事者や関係者の間に静かな波紋を広げることになった。たとえば『朝日新聞』には、同白書の公表からほどなくして、その内容を批判する次のような投書が掲載されている（以下、投書記事に関しては、いずれも部分の引用とし、また匿名に改めた）。

冗談ではない。障害を、気の強いといったことと混同して欲しくない。だいいち、気が弱いとか強いといったことで就職で差別されることがあるだろうか。給料で格差をつけられることがあるだろうか。社会的な不利益が厳然としてあるからこそ障害者なのではないか。〔中略〕これまでの人生経験からしても障害は「個性」というようなきれいな言葉で置き換えられるような生易しいものではない。障害のある人とそうでない人の違いをことさら強調することがよいとは思わないが、「個性」というような言葉で片付けるのは、障害者問題の厳しさから目をそらさせる効果しかないのではないか。（東京都・会社員・五一歳／「障害ははたして「個性」なのか」『朝日新聞』一九九六年一月一九日）

私は以前から「障害は個性と思って」という言葉に出合うたびに、この言葉はどこから発信されたのだろうと考えていました。そして子供を持つお母さんが「子供に障害者の方を理解させる時、個性として教える」と言っていたのを思い出します。

「障害イコール個性」。果たして、すぐ理解される言葉だろうか。考えてみてください。まして子供に障害を個性として教えていくとしたら、その個性がおかしいと言って笑ったとしても、どうしてとがめることが出来ましょう。

障害はだれ一人として好んで身につけていることではないのです。障害者の一人ひとりにどうしてそのようになったのかを聞く機会があるとしたら、そこには偏見、差別をもって聞くことは出来ないでしょう。それほどに障害とは、大変な重荷と苦痛の上にあるのです。ですから、障害が個性などと言わないでください。耳にやさしい言葉よりも〝障害者を理解する心〟だけでいいのです。（仙台市・主婦・五三歳／「障害は個性と言うのやめて」『朝日新聞』一九九六年二月一日）

障害個性言説の論理的陥穽

ここに引用した二件とも障害当事者からの投稿であるが、いずれも障害に伴う苦痛や不利益が

「個性」という軽々しい言葉で片付けられてしまうことへの反発や違和感を表明するものであった。そしてこうした反響を受けて、同紙の「論壇」欄には、白書の執筆責任者(総理府障害者施策推進本部担当室長)による異例の釈明投稿もなされている。少々長くなるが、以下に抄録しておくことにしたい。

昨年暮れに刊行された障害者白書の記述に対し、「障害は果たして個性なのか」という批判が新聞の投書欄にでていました。障害があることを個性というきれいごとの表現で、歌が上手、下手といったことと一緒にして欲しくないという趣旨です。私の部署にも視覚障害者の方から数回にわたり、「障害は個性」などと一部の人が言っていることを閣議決定を経る政府の白書で記述するのは問題である、との電話をいただきました。欧米でも日本の学会でもそんなことを唱えている人はいないし、障害という概念と個性という概念は論理的に結びつかない。全盲などの重度の障害者が、厳しい状況の中に置かれているのに、障害者に対する公的サービスを不要とするような帰結を導く障害者観がまかり通るのは見逃せない、というものでした。

昨年の障害者白書では、「バリアフリー社会をめざして」を副題に、障害者を取り巻く四つの障壁(物理的、制度的、文化情報面、意識上の障壁)の除去をテーマにして、これまでの国や地方自治体の取り組み、今後の課題、展望などを記述しました。その中で障害者を特別視しない障害者観の一例として「障害は個性」という考え方・見方を紹介した「意識上の障壁」の個所は、何人かの方から良くも悪くも「白書らしくない」と批評された部分でした。
私自身も含め多くの人に「障害はない方がいい」「障害があるのは不幸」とのぬぐいがたい思い込みがあり、それが障害者を差別したり過度に美談調で賛美したりと特別視する誘因になっています。論理的な表現ではありませんが、障害をこれまでにない前向きの視点からとらえた「障害は個性」の発想には、そんな思いを乗り越える可能性がある、と思いました。
〔中略〕
もともとこの言葉は、我が国の障害者運動の中で、障害があっても人間として誇りを持って生きていきたい、という障害者の切実な願いの中から生まれた主張であり、白書に取り上げることへの迷いもありました。しかし、ともすればマイナスイメージで語られることの多い「障害」について、プラス思考のしなやかな発想があることを紹介したい気持ちの方が勝りました。〔中略〕障害を、ない方がいいものと否定的にとらえるだけではなく、前向きに受け入れる発想も必要ではないでしょうか。行政担当者をはじめ多くの人がこの両論の意味するところを考えることが、障害者を特別視する社会の意識を変えていく契機になるのでは、と考えます。（小池将文「障害は個性と考えたい」『朝日新聞』一九九六年六月六日）

前記の引用によると、担当部署に抗議電話がかかってきたこともあったというから、同白書に対する直接的な反響がそれなりに大きなものであったことが察せられる。反響は、しかも、障害当事者によるシンプルな感情的反発だけではなかった。引用中に示された批判の声の中でも、

「障害者に対する公的サービスを不要とするような帰結を導く障害者観がまかり通るのは見逃せない」という指摘はとりわけ重要であるだろう。実際のところ、障害個性言説の問題点として専門の研究者たちから批判されていたのは、まさしくこの部分であった。

ここではその代表的なひとつとして、障害児教育が専門の茂木俊彦による議論を挙げておくことにしたい。茂木は、障害者自身がこのタイプの自己認識を表明することに対しては取り立てて異を唱えるつもりはないとしつつも、「障害と個性の関係、あるいは障害は個性だと言い得るかどうかの問題は、それほど自明のことではない」（茂木二〇〇三、二八頁）と、同白書を批判する。たとえば歌は下手であってもさして生活上の不便や不利はないが、障害は現実にさまざまな場面で行動を制約するものであるからだというのである。

障害はなんといっても個人の生活と活動を制約する面をもつ（その意味で負の影響を及ぼす）属性であり、その属性は意識のうえでいかに軽く位置づけてみたところで軽減したり解消したりするものではない。それゆえにこそ、障害者は健常者にはない特別なニーズをもつのであり、その充足の方策の提供を社会に向かって要求する権利をもつのである。（茂木二〇〇三、三一頁）

茂木が警鐘を鳴らすのは、障害者の権利を保障していくための道のりにおいて、「障害は個性」というレトリックがむしろマイナスに作用してしまうという危険性である。「歌が上手、下手といったことと障害を同列におくこの議論は、障害によって発生してくる困難、特別なニーズに注目させない方向へと人びとの認識を誘導し、ニーズに対応する社会的・行政的方策の立案と実施を回避する方向で、その役割を果たす可能性がある」（茂木二〇〇三、三二頁）。つまりは「障害も個性のひとつ」だとして障害者を特別視しない態度は、「個性の違いに過ぎないから特別な支援は不要」という論理とじつは紙一重になってしまうではないか、というわけである。

共感の底堅さ

茂木のこの主張は、障害個性言説のロジカルな帰結を言い当てた議論として重要であるだろう。しかしながら、『障害者白書』の記載内容をめぐるこうした顚末などどこ吹く風、世間一般ではそれ以降もむしろ、いわば常套句としての障害個性言説の流布はますます進行していったように思われる。

そうした状況についてより詳しく検証すべく、ここでは新聞記事データベースの力を借りることにしたい。『朝日新聞』と『読売新聞』の二紙に掲載された投書記事の中から、障害個性言説に言及したすべての事例を抽出し、その全体を整理したものが表6－1である。

ここで記事全般ではなく、あえて投書記事に限定したのは、作業量との兼ね合いもさることながら、一件ずつの記事を事例の単位として扱いやすいというメリットを勘案してのことでもある。表中にはそれぞれのケースに対して、「障害も個性」というテーゼに対する態度の違い（肯定か、否定か、あるいは単なる引用か）のほか、話題として挙げられている障害の具体的内容（原則とし

朝日44	2011.11.4	焦らず、あなたのペースで歩め	介護支援専門員・39	肯定	うつ・適応障害	友人
朝日45	2012.6.13	発達障害の娘、個性を慈しむ	主婦・40	肯定	学習障害	娘
朝日46	2012.6.30	障害は個性、偏見の壁崩そう	高校生・17	肯定	発達障害	
朝日47	2013.4.7	障害も個性として受け入れて	主婦・60	肯定	ダウン症	一般
朝日48	2014.6.12	出生前診断しない決断を支持	無職・70	肯定		
朝日49	2015.4.4	女子大生になった娘の同級生	主婦・58	肯定	性同一性障害	娘の同級生
朝日50	2015.11.24	障害児を差別する発言に驚き	医師・作家・53	引用		
朝日51	2016.9.13	「障がいは個性」適切だろうか	会社員・53	否定	聴覚障害	職場の部下
朝日52	2016.11.18	性同一性障害、その人の個性	大学生・19	肯定	性同一性障害	
朝日53	2017.12.23	救われた命、けん命に生きる	小学生・11	肯定	心臓病	当人
朝日54	2018.1.18	障害者排除せず助け合う時代に	臨床心理士・63	肯定	知的障害	兄
朝日55	2018.8.10	障がい＝個性、理解広げたい	主婦・34	肯定	自閉スペクトラム症	我が子
朝日56	2019.3.1	病気・障がい・「ふつう」も個性	小学生・11	肯定	1型糖尿病	当人
朝日57	2020.8.27	「障害は個性」、当事者が語るなら	アルバイト・41	否定	発達障害	当人
朝日58	2020.10.18	障害も個性、正しく知り発信を	会社員・25	肯定	ADHD	当人
朝日59	2020.10.23	障害は障害、あの頃の私にエール	特支学校教員・38	否定	聴覚障害	当人
朝日60	2021.10.21	五輪とパラ、統合し競い合って	会社員・59	肯定		
読売1	1987.12.16	“障害も個性”どうか強い子に	主婦・29	肯定	手に障害	我が子
読売2	1990.11.27	障害児の母よ自信を持って	主婦・45	肯定	精神薄弱	我が子
読売3	1993.5.21	障害児持って「育児」を知る	主婦・35	肯定	一級の障害	我が子
読売4	1993.6.2	障害児の入園　社会のルール学ぶ場が必要	主婦・41	肯定		
読売5	1995.11.24	障害は単なる不便	主婦・55	肯定	難聴	当人
読売6	1998.3.4	障害者の希望奪わぬ社会に	無職・25	肯定		当人
読売7	1998.11.4	視覚障害に配慮した家電を	針きゅう師・55	肯定	目が不自由	当人
読売8	2000.4.14	障害を個性と見る教育必要	専門学校講師・37	肯定	聴覚障害	当人
読売9	2000.4.28	障害者にはサポートが必要	自営業・44	否定	脳性まひ	当人
読売10	2000.11.8	心のバリアフリー	看護婦・26	肯定	車いす	姉の婚約者
読売11	2001.10.20	「障害」に寛容な社会を望みたい	会社役員・45	引用	自閉症	我が子
読売12	2002.1.17	お子さんの個性伸ばしてあげて	主婦・41	肯定	自閉症	施設の利用者
読売13	2002.3.12	「個性」持つ子供受け入れる社会	医療事務・47	肯定	ADHD	我が子
読売14	2002.11.20	自閉症への理解もっと深めたい	主婦・33	肯定	自閉症	我が子
読売15	2003.4.18	障害ではなく、その人の個性	歯科医師・53	肯定		
読売16	2004.9.7	自立に向け努力、息子の姿見守る	パート・49	肯定	知的障害	我が子
読売17	2005.2.4	障害を「個性」と受け入れる社会	看護師・32	肯定	ダウン症	
読売18	2005.2.10	自閉症についてもっと考えたい	大学生・20	肯定	自閉症	
読売19	2005.3.11	親としての苦悩、日々感じながら	無職・64	否定	自閉症	我が子
読売20	2005.3.18	知的障害者への理解を深めたい	会社員・29	肯定	知的障害	
読売21	2005.6.20	窓口に「耳マーク」を	主婦・46	肯定	耳が聞こえない	当人
読売22	2005.10.25	自閉症の子供と一緒に成長する	主婦・39	肯定	自閉症	我が子
読売23	2007.1.8	天使に見えた全盲の子の演奏	会社員・59	肯定	全盲	
読売24	2007.2.24	障害児と交流、親子で心の成長	主婦・33	肯定		ダンス教室の生徒
読売25	2009.12.23	障害者の舞台見て自分の可能性知る	教諭・41	肯定	四肢・視覚・聴覚障害	
読売26	2015.11.11	障害は個性　理解広がって	施設職員・61	肯定	義手・義足	友人
読売27	2016.2.17	支援学級作品展　内面の輝き表現	無職・50	引用	発達障害	友人の子

表6－1　障害個性言説に言及した投書記事リスト（『朝日新聞』『読売新聞』）

ID	日付	記事タイトル	投稿者・年齢	立場	障害の種類	話題の対象
朝日1	1988.5.15	普通に生きる権利だれにも	主婦・35	肯定	知恵遅れ	我が子
朝日2	1992.1.30	目見えぬ友に自分を恥じる	大学生・19	肯定	視覚障害	同級生
朝日3	1996.1.19	障害ははたして「個性」なのか	会社員・51	否定	聴覚障害	当人
朝日4	1996.1.25	「個性」の方が分かりやすい	自営業・61	肯定	聴覚障害	当人
朝日5	1996.2.1	障害は個性と言うのやめて	主婦・53	否定		当人
朝日6	1996.7.17	障害者となり教育観変わる	教員・58	肯定	脳梗塞	当人
朝日7	1996.10.26	知能テストの「選別」に怒り	小学校教員・52	肯定		
朝日8	1996.11.1	「障害も個性」に疑問を感じる	教員・26	否定		
朝日9	1997.6.28	感銘を受けた車いすの人形	主婦・32	肯定		
朝日10	1999.2.12	A子ちゃんに涙でちゃった	パート・40	肯定		娘の同級生
朝日11	2000.3.5	障害児学級を選んだけれど	主婦・39	引用	自閉症	我が子
朝日12	2000.4.12	教師自身にも戸惑いがある 障害の友に	元教員・47	引用	ダウン症	娘の同級生
朝日13	2000.5.22	同情するより障害理解して	予備校生・18	肯定	聴覚障害	当人
朝日14	2000.12.16	「鈍行列車」で孫よ心豊かに	主婦・67	肯定		孫
朝日15	2001.10.14	優越意識含む「健常者」の語	無職・46	肯定		
朝日16	2002.5.4	どの子もみな、地域で育てる	無職・60	肯定	車いす	
朝日17	2002.10.27	障害も特徴？理解できぬ私	主婦・51	否定	車いす	我が子
朝日18	2002.11.2	持ち味の意味、長男から知る	写真家・52	否定	知的障害？	我が子
朝日19	2002.11.5	障害は現実と受け入れ歩む	主婦・39	否定	知的障害	我が子
朝日20	2002.12.13	意欲あっても就職に狭い門	無職・30	引用	心の病	
朝日21	2003.8.4	義足の球児も普通の高校生	高校生・16	引用	義足	甲子園球児
朝日22	2003.8.31	知的障害への無知を恥じる	無職・63	肯定	知的障害	
朝日23	2003.9.7	姉の私変えたダウン症の弟	中学生・14	肯定	ダウン症・難聴	弟
朝日24	2004.1.11	納得の髪形に仕上げた青年	会社員・32	引用	耳が不自由	
朝日25	2004.11.29	本質をそらす「障害は個性」	無職・28	否定	聴覚障害	当人
朝日26	2004.12.2	遠慮などせず障害者に声を	団体嘱託員・64	肯定	車いす	妻
朝日27	2004.12.6	私を解き放つ「障害は個性」	高校生・18	肯定	脳性まひ	当人
朝日28	2005.3.28	着床前診断の「利用」に驚き	中学生・15	引用		
朝日29	2006.7.1	理解へと活動、発達障害の私	テニスコーチ・27	肯定	発達障害	当人
朝日30	2007.5.12	障害で分けぬ寛容な社会を	専門学校生・25	肯定	アスペルガー症候群	当人
朝日31	2007.5.23	人脈記の連載、感動込め朗読	主婦・70	引用		
朝日32	2007.12.9	障害児の就学、様々な支援を	言語聴覚士・59	肯定		発達支援員
朝日33	2008.2.14	バリアなのは障害＝悪もの	パート・38	肯定	聴覚障害	当人
朝日34	2008.2.21	人間は誰しも支え支えられ	宗教教師・65	肯定		当人
朝日35	2008.3.21	膝下なくしたダンサーの夢	パート・40	引用	膝下を喪失	片足のダンサー
朝日36	2009.2.1	障害児に対応、児童から学ぶ	大学生・21	肯定	発達障害	学童保育児
朝日37	2009.2.13	障害者と交流、教えられる事	施設勤務・49	肯定	肢体不自由	
朝日38	2009.4.10	自閉症への理解を広げたい	看護師・50	引用	自閉症	
朝日39	2009.5.20	障害者施設、迷惑視しないで	主婦・54	肯定	知的障害	我が子
朝日40	2009.5.23	温かい社会へ 障害も個性、特別視しないで	高校生・16	肯定	身体的・知的障害	兄
朝日41	2009.8.24	障がいの息子、個性的で誇り	主婦・34	肯定	広汎性発達障害	我が子
朝日42	2010.1.24	「障害は一個性」と胸張って	中学生・15	肯定	足に障害	当人
朝日43	2011.6.15	障害者も普通に芸能活動を	パート・43	肯定	知的障害	マスメディア

て原文からそのままを転記）や、同じく話題として挙げられている障害者と投稿主との関係（当事者か、家族か、知人か、など）についても、判明する限りの情報を追記しておいた。

表に見られる通り、両紙とも投書記事としての初出は一九八〇年代後半だが、しかしその後の掲載傾向はいくぶん異なっている。総じて『読売』紙よりも『朝日』紙のほうが掲載総数は多く、また否定的なスタンスからの投稿の掲載頻度も高い。当然のことながら、これらの投書記事も、読者からの投稿がベースになっているとは言っても、その掲載の採否には編集側の判断がしっかりと映し出されているわけなので、これは結局のところ両紙の編集姿勢の違いを投影しているものと言えるだろう。したがって、このデータでもって世間一般の傾向全般を示す指標として扱えるなどということはまったくないのだが、しかし、それにもかかわらず、ある種のフィールドワーク、ないしは定点観測のもとで採取された、当該言説をめぐる事例サンプルとしては十分に扱えるはずである。

具体的な内容を見ていくことにしよう。すると全体を通覧してみて、まずあらためて実感されるのは、この言説が障害者と健常者のあいだの心理的な垣根を乗り越えたその先の境地として、それなりに確かなイメージ喚起力を備えているらしいことである（以下、投稿記事からの引用の出典については、表6－1内のＩＤで示すことにする）。

たとえば「障害は個性の一つである」が持論だという予備校生は、聴覚障害をもつ自分にとって「耳が聞こえない」ことは当たり前であって、大学進学や音楽鑑賞など、どれも健常者と同じような気持ちで挑んでいるのに、周囲から「耳が悪いのにすごい」と言われると複雑な気持ちになるのだという。「それより対等に話し、障害を理解する努力をして、私のことを一人の人間として扱って欲しい。障害という一面だけで、その人の性格や能力などを決めつけないで欲しい」（朝日13）と書いている。

あるいはある男性は、車いすの妻と一緒に外出したところ、翌日になって職場の上司から、「偉いねえ。昨日美術館で見かけたよ。車いすを押してみえたんで、言葉をかけるのを遠慮したけどね」と言われたことにやはり複雑な思いを抱いたとして、次のように書いている。「障害は、その人の個性に過ぎません。どうか、私たちを見かけたら、気軽に声をかけて下さい」（朝日26）。障害者を異物扱いし、特別視してしまいがちな社会の現状を打ち破り、健常者が障害者を前にして抱きがちなこわばりを解きほぐしていくための希望の言葉として、「個性」の語に大きな期待が寄せられていることが看取できるだろう。

したがって、この言葉はしばしば、障害児と健常児とが学びの場を共有する統合教育の理念を支持する文脈の中で登場することになる。たとえば健常児である六歳の娘をもつ母親は、「健常児も障害児も同じ曲を踊ることができる」という考えを持つダンス教室の先生のもとに通わせた結果として、「娘も障害を一つの個性としてとらえることができるようになりました」と書いている（読売24）。

また、ダウン症の弟を持つ中学生による次の発言もそうである。「もしもみなさんの周りに知的障害者がいたら、たくさん触れ合っていたら、絶対に障害者に対する考え方や意識は今と違っていると思うのです。「ダウン症の子」という差別や偏見を持たずに、一つの個性として受け入れられるようになっているはずです」（朝日23）。

要するにこれらは、前記の『障害者白書』が目標として掲げていた理想状況そのものなのであるが、こうした内容の投書記事を読むにつけ、障害個性言説の支持基盤はそれなりに固いという印象を受ける。おそらくは一九九〇年代後半あたりから、とりわけ二〇〇〇年代にかけて、このレトリックは社会的に広く浸透して行ったものと言えそうである。

なお、投書記事の内容からは、特別支援学校や福祉関連施設の現場、ならびに講演活動等の場面で、実際にこの表現が多用されていたらしい様子も窺えた。そして同じく投書記事の中には、「障害は不便ではあるけれど不幸ではない。それが自分の個性だと「五体不満足」を書いた乙武洋匡さんも言っておられる」（朝日21）のような記述も見受けられる。たとえそれが誤読だったとしても、『五体不満足』の影響力は、やはりそれなりに大きかったと思われる。

「障害は個性」のアンビバレンス

しかしながら、この文脈においてより注目に値するのは、この言葉が障害者と健常者の間の垣根を乗り越えた共生社会の実現のためばかりでなく、障害者やその家族自身が自らの心の平安を保つための術として、しばしば重要な役割を果たしているらしいという事実である。投書記事の中には、そうした内面的な境地に触れた文面がいくつか散見される。

たとえばある障害児の祖母は、孫の小学校入学に際して、あれこれ思い悩んだあげく、最終的に普通学級ではなく障害学級を選択するに至った経過を振り返って次のように書いている。「孫の障害を個性だと思い、顔も心も能力も皆と違うのだから、この子に適した人生を歩めばいいのではないかと悟った時、肩の荷がふっと軽くなりました」（朝日14）。

また、知的障害の娘をもつ母親の次の発言もそうである。「障害者が奇声を発し、妙な動作をすれば、怖いと思うかもしれない。私も娘を持つまでは近づきたくなかった。でも、今は性格と同様に個性だと思うようになった」（朝日39）。

あるいは脳性麻痺の障害を持つ高校生は、自分にとって「障害は個性」は「希望の言葉」であり、「ありのままの自分を肯定し、できないという絶望から私を解放してくれる」のだと述べている（朝日27）。

ここに看取されるのは、いわゆる「障害受容」としての一面ということになるのだろう。障害者自身が、あるいはその家族が、障害の事実を受け入れ、自己を肯定的に把握するための拠り所として、「個性」の語が積極的に取り込まれている様子が窺える。いうならば障害者自身のアイデンティティの領域に、ダイレクトにそれはつながるテーマとなっていくのである。

しかしながら同時にまさしくこの部分こそが、他方では障害個性言説に対する反発が生起してくる最大の要因だったのではないかとも思われる。自らのアイデンティティに直接関わるからこそ、逆に自らの障害が「個性」という言葉で片付けられてしまうことに違和感を覚える人々にとっては、とうてい受け入れ難いという想いはますます強化されて行くことになるのではないだろうか。『障害者白書』への批判という形で、すでに引用した投書記事の内容がまさにそうだった。「これまでの人生経験からしても障害は「個性」というようなきれいな言葉で置き換えられるような生易しいものではない」（朝日3）というのは、当事者にとっては切実な実感なのだろう。このように障害個性言説に対して批判的な立場をとる議論において、主流となる論旨のひとつは、自分の抱えている障害の重さが「個性」の語に見合わないという主張であった。

ほかにもこのようなミスマッチを訴えている例をいくつか挙げていくことにすると、たとえば聴力を失ったという男性は、「障害は個性である」という言葉に「皮相な側面を感じてしまう」と書いている。「障害は私の社会参加を困難にしている。最寄り駅まで行くのも一苦労で、階段やトイレなどの問題もあり、気軽に映画館まで足を運びたくても望みはかなわない。ほとんど自宅内で過ごしている」。「障害は障害だ。私はそう思う。個人の努力では解決できない問題があるからこそ障害なのだ。「障害は個性」とは、その解決の責任に思い至っていない軽薄な言葉にも映る」（朝日25）。

あるいはまた、成人した自閉症の息子を持つある父親は、「障害は確かに個性と考えることが出来ますが、一生続く厳しく苦しい個性です」と書いている（読売19）。これなぞも「個性」への違和感をいわば裏返しに表現した、前記のバリエーションのひとつと言えるだろう。

さらに、障害個性言説への批判の中で展開されることの多い主張のもうひとつが、「当事者が自分でそう口にするのならよいが、他人から言われる筋合いのものではない」という類の論旨である。たとえば次のような発言。「障害のある方ご本人の言葉でしたら納得しますが、人から押しつけられる言葉ではありません」（朝日18）。この引用もそうであるが、こうした批判の多くは、当然のことながら障害当事者、もしくはその家族から発せられている。

総じて障害個性言説をめぐる状況は、きわめて複雑な様相を呈していると言えそうである。そこに掲げられた共生社会への理想主義は、一方では多くの人々を惹きつけながらも、他方では強い反発も喚起しているのである。しかもそれを肯定する立場と否定する立場の境界は、決して単純に健常者と障害当事者との間にあるのではない。同じ障害当事者の中でも、これに対する態度はまったく人それぞれである。つまり障害個性言説は、きわめてアンビバレント（両義的）な存在として、人々の間に流通し続けているということになる。

「個性」はなぜ人々を苛立たせるのか

ではこのアンビバレンスが生じてくるメカニズムは一体どのように説明できるだろうか。ここでは個性概念それ自体のほうに照準する立場から、こうした状況についての仮説的な整理を試みてみることにしたい。

ひとつの側面として、それは「包摂のレトリック」であるがゆえの葛藤として解釈できるのではないかというのが本書の見解である。具体的なところとしては、さしあたって以下の三つの位相の存在が指摘できるように思われる。

第一にそれは、ノーマルへの「包摂」に対して、これを是認する立場と拒絶する立場の間の齟齬である。

当然のことながら、障害当事者にとって、それぞれの抱えている障害が「たんなる不便」として片づけられるものであるかどうかは人それぞれであるだろう。そして「人それぞれ」というのはもちろん、主観的なものもあるだろうが、しかしそればかりでなく、現実に客観的な条件からして一人ひとりの抱える事情は異なっているという事実も重要である。一口に「障害」と言っても、実際にはその内実はきわめて多様であり、障害のタイプはもちろんのこと、その重さや質はまったく一様でないからである。

にもかかわらず、私たちはしばしばそれを、あたかも単一のカテゴリーであるかのようにして、「障害」や「障害者」という一語で片付けてしまいがちである。冷静に考えてみるとそれは粗雑な押し込めであって、そして言うまでもなく「障害もひとつの個性」という語り口は、まさしくその典型的なひとつにほかならない。その意味では、この対立軸が浮き彫りにしているのは、「障害」カテゴリー内部の多様性だと言うことができる。

生まれつき両手両足が使えない障害をもつホーキング青山が、障害個性言説を批判的に論じた文章の中で指摘していたのも、まさしくこの視点であった。「社会参加という観点で考える場合は、この「障害者」というカテゴリーはあまりにも大きすぎるし、なおかつ障害者というものの理解への妨げにさえなっていると思う。〔中略〕「多様性」を尊重するのならば、まずは「障害者」という大雑把な括りを捨てる必要があるのではないか」（ホーキング青山二〇一七、五三頁）。たしかに当該カテゴリー内部の多様性を一切捨象して「障害」全般をひとくくりに「個性」という言葉で規定してしまうことには、もともと無理が伴っていたとも言えるのである。

第二に指摘できるのは「包摂のレトリック」と「差異化のレトリック」との間の混乱である。

本章の冒頭から指摘してきた通り、障害個性言説は、「個性」をめぐる語りのスタイルとしては、それまで優勢だった「差異化のレトリック」とは異なる新しいタイプの話法としての特徴を備えている。すなわち、ここでいう「個性」は、他とは違うことを指向しているのではなく、むしろそれとは正反対に、「ノーマライゼーション」――つまり通常の偏差の範囲内に位置づけられることを指向する用語としてのそれであった。しかしながら世間の側はもちろん、このような視座の転換にあっさりと順応しきれるものではない。「障害は個性のひとつ」と口にする側は「包摂のレトリック」として語っているつもりなのに、受け取る側にはどうしても「差異化のレトリック」の残像がつきまとってしまうのである。

第4章で見てきた通り、学校の道徳科のカリキュラムでも個性は「輝くもの」と教えられている現実があるわけだから、それは無理もない話ではある。「そんなきれいな言葉で語られることには違和感がある」などという反発が表明されるのは、おそらくこうした事情によるものであるだろう。今や「個性」の語には、それ自体にすっかり価値的なイメージが付着してしまっているのであり、そのことが、いわばコミュニケーション上の齟齬を生じさせている一因となっていることは十分に考えられるはずである。

そして第三として挙げておきたいのは、そもそもそれが「レトリック」にすぎないことの限界である。つまりそれは、最終的に「口先だけ」の態度となる傾向をはらんでしまう。この話法の中にしばしば指摘されている「軽薄さ」とは、要するにそういうことなのではないだろうか。

もちろん、「レトリック」であることが、ただちに「口先だけ」の軽さを意味するわけではないだろう。しかしながら、当初段階では崇高な理念に裏打ちされた真摯な言葉であっても、また語っている当人にすれば心からの善意のつもりであっても、それが決まり文句として繰り返されているうちに陳腐化が生じ、徐々に薄っぺらな言葉に見えてくるということはあるだろう。したがって、このレトリックに魅力を感じ、それを口にする人間が増えるほど、かえってそれへの反発の声も高まるというパラドキシカルな状況がここには展開しつつあるようにも思われるのである。

2 「個性の延長」としての発達障害

発達障害とは

一方では人々を魅了しつつ他方では反発を喚起するという障害個性言説のアンビバレントな特質について、「包摂のレトリック」を準拠点として、ひとまずの分析を試みてみたが、しかし近年に至って、状況はよりいっそう複雑な様相を呈しつつあるようにも思われる。ここでもうひとつ注目したいのは、障害カテゴリーとしては比較的最近になって登場した「発達障害」という概念が、「障害と個性」をめぐる状況に対して新たな局面を作り出しているように映ることである。そしてまた、そこに含まれている人間観は、学校教育をはじめ、社会的に大きな影響力を及ぼしつつあるようにも映る。以下、そのことについて若干の考察を展開しておくことにしたい。

まずは基本事項から。この分野の研究に早くから取り組んできた小児科医・榊原洋一の整理に従うなら、発達障害とはひとまず、「注意欠陥多動性障害（ADHD）」「自閉症スペクトラム障害（ASD）」「学習障害（LD）」とそれに類する状態を総称したもの、ということになりそうである。ここでは「総称」というところがじつはポイントで、榊原自身強調している通り、発達障害という概念自体は決して「診断名」ではないことには注意が必要である（榊原二〇二〇、二二頁）。

また、「発達障害バブル」を批判している米田倫康が、「少し調べたらわかりますが、専門家によって言っていることがバラバラです」と書いているのはたしかにその通りで、「一つ一つの障害ごとに実にさまざまな議論、論争があり、その概念は一定することなく変遷し続け、国際的な診断基準や分類もどんどん変わって」（米田二〇一八、一五〜一六頁）きているという実情があるため、その概要はなかなか整理しづらい。つまりいろんな意味でそれは、もともと混乱をはらんだ概念であることはまちがいないだろう。

ちなみに二〇〇四（平成一六）年に制定された「発達障害者支援法」の定義では、発達障害とは「自閉症、アスペルガー症候群その他の広汎性発達障害、学習障害、注意欠陥・多動性障害その他これに類する脳機能の障害であってその症状が通常低年齢において発現するものとして政令で定めるもの」とされている。このうち「自閉症」「アスペルガー症候群」「広汎性発達障害」といった諸カテゴリーは、その後二〇一二年に改訂された米国精神医学会の診断基準（DSM－5）によって、「自閉症スペクトラム障害」というカテゴリー名に一元化されている。

この法律上の定義内にも含まれている通り、発達障害は総じて生まれつきの「脳機能の障害」

が原因と考えられており、具体的な症状としては、集中力を欠くために気が散りやすかったり、落ち着きがなく、衝動的な行動をとってしまったりする（ADHD）、他人の気持ちを推し量ることができず、円滑な対人関係を結ぶことが難しい（ASD）、文章の読み取りなどに著しい困難がある（LD）、などが挙げられている。

日本社会でこの障害カテゴリーが急速に定着することになったのはおおむね二〇〇〇年代以降のことである。学習障害関連の用語について、『朝日新聞』の掲載記事件数を調べた木村祐子の整理によると、一九九〇年代にまず「学習障害」が登場し、それに加えて九〇年代末以降に「ADHD」や「アスペルガー症候群」の語が現れ、増加し始めていることがわかる。そしてそれらを包括する概念である「発達障害」の語は、二〇〇〇年以降急増している事実が確認できる（木村二〇一五、三二頁）。

この概念の普及を加速させた制度的な契機としては、前述の「発達障害者支援法」（二〇〇四年公布）はもちろんのこと、それに加えて学校教育における障害児教育政策の転換の果たした意味はまちがいなく大きかったはずである。すなわち、二〇〇七（平成一九）年の学校教育法改正によって、従来の「特殊教育」に代えて「特別支援教育」という新しい理念が打ち立てられるに及んで、それまで特殊教育の対象としては想定されていなかったLD、ADHD、高機能自閉症といった発達障害の諸カテゴリーが新たな支援対象として明確に位置付けられることになった。つまりこうして、制度的な認定がなされたわけである。

図6－2は、特殊教育ないし特別支援教育の対象とされてきた児童生徒数の推移を整理したも

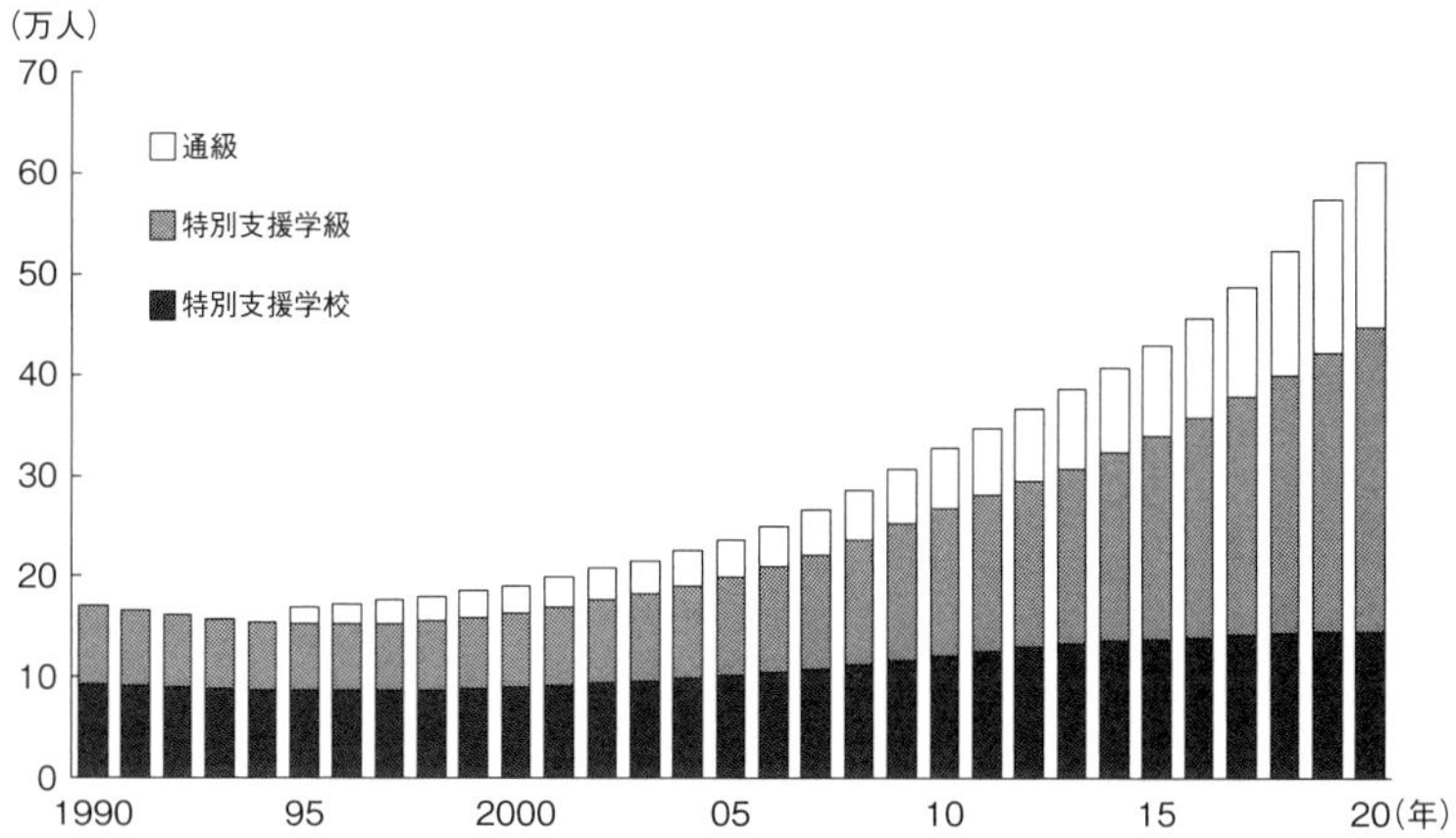

出典）文科省「特別支援教育資料」(2022年）より作成。
図6－2　特別支援教育の対象児童生徒数の推移

のである。発達障害児童生徒が含まれるのは、このうち「通級」と「特別支援学級」の両カテゴリーということになるが、ここから二〇〇〇年代以降の急増傾向は一目瞭然であるだろう。歴史的な観点から眺めてみると、学校教育におけるこのような状況は、第2章で取り上げた「個性調査」の時代状況とよく似ていることに気づかされる。一九二〇年代頃に「教育測定学」を掲げる心理学的な学知によって学校教育の現場が席巻されていったのとちょうど同じように、二〇〇〇年代以降、脳科学に依拠した精神医学的な学知によって学校世界は覆われていったのである。

「医療化」のプロセス

現代社会ではこのように、それまで医療的な措置の対象とは見なされていなかった領域が、社会的な定義の変更によって新たにその対象として組み込まれていくということがしばしば起こっている。それは社会学において「医療化」と呼ばれているプロセスであるが、発達障害をめぐる状況はその典型的な事例のひとつにほかならない。そしてその一連の過程では、第3章で言及した校内暴力問題をめぐる展開と同様のメカニズムが作動し始める。つまり、こうして新しい障害カテゴリーが創出されたことによって、我々にとっての「現実」が、客観的な装いのもとに新たに再構成されて行くのである。

こうした観点からするなら、「トットちゃん」こと黒柳徹子氏が二〇〇〇年代初頭の時点で、「私ってLDだったの?」というタイトルのエッセイを書いている事実はたいへん興味深い(黒柳二〇〇二)。『窓ぎわのトットちゃん』の刊行から二〇年近くを経たこの頃になってから、同書で描かれていたトットちゃんの突飛な行動の数々が、いずれも学習障害(LD)の典型的な症状に該当するものだと、この分野の専門家や研究者たちによって指摘され始めていた。そして同氏自身は周囲を通してそのことを知ることになるのである。

言うまでもないことだが、LDという概念のほうが「トットちゃん」よりも事後に「発見」(ないし「発明」)されたのであって、つまりこれは後になってから遡及的にこの概念が当てはめられたケースにほかならない。実際に同氏がLDに該当するのかはさておき、この顚末において「トットちゃん」は当人も知らないところで「障害者」になっていたというところが、このプロセスの社会的な性格を象徴的に物語っているようにも映る。

したがってよく言われる通り、前出の図6-1は、必ずしも発達障害の児童生徒数の実体レベルでの急増を意味するものでないことは明らかである。それまでは「障害」として扱われていなかったケースが、ある時期からそれとして扱われるようになり、また社会的な認知が浸透したことによって、医療的なケアの対象範囲が拡大した結果であると考えられるわけである。

そもそも「障害」という概念自体が、本来的に社会的な恣意性をはらんだ存在であったとも言える。前節では「障害」カテゴリー内部の多様性について言及したが、しかしそれ以前に、何を「障害」とみなし、何をそう見なさないかの線引きからして、社会的に構成されるものなのである。たとえば下肢を失って義足を必要とする人は障害者だが、視力が低下してメガネを必要とするというだけでは、今日一般的には障害者とは見なされていない。現実にはメガネの常用者の中には、裸眼では車の運転はもちろん、公共交通機関の利用にすら不安や困難を覚えるほどの者も少なくないはずだが、しかし、メガネさえあれば通常の社会生活が送れるというかぎり、自他ともに「健常者」の範囲と確信されているのである。つまり、いかなる状態をもって「障害」と見なされるのかの境界は、いわば社会的な約束事として決定されるという一面があるわけで、したがって時代による変化も当然起こり得ることになる。

「発達障害」が社会的に重要性を帯びた存在として浮上してくることになった背景として、産業構造の変化が深く関わっていることは確かだろう（立岩二〇一四など）。工業化段階がひと段落したことで、以前のように黙々とモノ作りに従事するようなタイプの職業機会は日本国内では大きく減少し、オフィスワークやサービス業など、対人間の円滑なコミュニケーションを必須とする働き方が一気に主流化してきた。

さらに付け加えるなら、このような産業構造の変化に呼応しつつ、学校教育の変質もここには関係していると言えるのかもしれない。というのも学校教育の現場でもやはり、近年、アクティブラーニング（主体的・対話的で深い学び）をはじめとする、コミュニケーション中心の授業スタイルが推進される流れにあるからである。総じて対人関係がことのほか重視される社会状況が生まれてきたわけで、こうした変化のもとで、障害カテゴリーの裾野の拡大がもたらされたのだと解釈することができる。

自閉症の沿革に即して言うなら、それまで知的障害を伴うことが多いとされていた従来の自閉症に加え、知的障害を伴わないそれ（高機能自閉症）の存在が認識されるようになったことが、大きな転回点だったと思われる。オーストリアの小児科医、ハンス・アスペルガーがこの分野の研究を行ったのは一九四〇年代のことであったが、しかしこの当時、その研究成果は世間からはほとんど顧みられることなく、その後そのまま、ほとんど忘れられた業績となっていた。それが一九八〇年代になってから、この研究上の知見がイギリスの精神科医によっていわば再発見されたことがきっかけとなって、「アスペルガー症候群」という診断名でもって、一転して広く世間に知られるようになっていく。

こうした経緯には、単なる学問世界内部の評価の問題だけでなく、まさしくそうした診断カテゴリーを必要とする社会的な環境の変化が投影されていたはずである。さらにはその後、「大人の発達障害」の存在が広く認知されるに及んで、この新しい障害カテゴリーは近年急速に我々に身近な存在となっていったのである。

発達障害と「個性」の親和的関係

さて、ようやく本題であるが、ここで考えていきたいのは、この発達障害をめぐる語りの中で、「個性」の語に言及される傾向が近年ますます強まっているように見えることである。

この趨勢に関する客観的なエビデンスを示すことは難しいが、たとえば前出の表6－1からも、二〇〇〇年代以降になってから、学習障害やＡＤＨＤ、アスペルガー症候群などの学習障害関連の事例が増加していった経過は読み取れるだろう。あるいは別の傍証として、第5章で扱った、「個性」の語をタイトルに含む書籍の内容を確かめてみると、この中で同時に「障害」の語をタイトルに含む件数は全部で一六件あるが、そのうち発達障害関連のものは一一件に及び、いずれも刊行年は二〇〇〇年代以降であることが確認できる。そしてもちろん、「障害」と「個性」を直接タイトルとして掲げていなくとも、近年増えている発達障害関連書籍の多くにおいて、いくつもの「個性」への言及を確認していくことが可能である。

それらは、障害個性言説のバリエーションの一部には違いないのだが、しかし、従来のそれと比べると、いくぶん特異な方向への展開が認められることに、ここでは注目しておきたい。「発達障害も個性のひとつとして考えたい」などという従来のタイプの言説もあるにはあるのだが、それとはややニュアンスの異なる「個性の延長線上にあるのが発達障害」というイメージがしばしば語られがちなのである。

専門家による一般向けの解説書の中から例を挙げると、たとえば次のような類である。

これって障害？　個性ではと思うようなことがたくさんあります。〔中略〕つまり、目立った違いがあったとしても、日常生活に困難が生じていなければ、「障害」ではなく「個性」の範ちゅう。具体的にその特性の現れ方（程度）が同じでも、生活に支障がなければ、障害と診断されないことが多くあります。発達障害は時に「生活障害」ともいわれますが、それにはこのような理由があるのです。（田中哲・藤原里美監修［二〇一五］『発達障害のある子を理解して育てる本』学研プラス、三〇頁）

誰にでもある得手不得手や、とても個性的な感じ方、感覚の過敏さや鈍感さなどが、生活し続けることを難しくしてしまうことがあります。

その個性的な特性を、医学的に説明しようとしたのが「発達障害」という名称だと考えてよいでしょう。

その意味では、「生活障害」、「生きづらさ」というほうが的確かもしれません。「発達障害」は、個性の延長線上にあり、決して異質なものではありませんが、適切な理解と応援がないと、生活のしにくさは強くなります。反対に、理解と応援が十分にあれば、生活はしやすくなります。（田中康雄監修［二〇二二］『イラスト図解　発達障害の子どもの生活の工夫と伸ばす言葉がけ』西東社、一一～一二頁）

発達障害は個性の延長線上にあり、明確に線を引くことができません。個性の強さが、その子の特性を踏まえた理解が必要なレベルであれば、発達障害と呼ばれます。（岡田俊［二〇一六］『もしかして、うちの子、発達障害かも⁉』PHP研究所、一八頁）

なるほど「スペクトラム（連続体）」という語彙の中にも表現されている通り、ASDの症例にはもともと連続的なイメージが内包されていると言えるし、さらには「軽度発達障害」や「グレーゾーン」という言葉が使われがちな現状からは、そこにノーマルな領域との間の連続性が想定されている状況が見てとれる。つまり発達障害に関しては、それを「個性」のひとつとして認めるか／認めないかという以前に、そもそも「個性」との間の連続性が想定されていることになる。個性概念に対して、もともと高い親和性が内包されているとも言えるだろう。発達障害をめぐる障害個性言説が他の障害一般と比べていささか特殊に思われるのは、まさしくこの部分である。

このような発達障害イメージは、我々の人間観に対していかなる意味作用をもたらしているだろうか。その論理的な帰結はきわめて明白であるだろう。すなわち、発達障害が個性と連続的であるからには、形式的には誰もがすでにその素因を有していることになるわけである。

他方ではよく知られている通り、発達障害関連の診断は、もっぱら医師による「診たて」によってなされるのであって、それを判定するための客観的な検査というものが存在しているわけではない。こうした状況のもとでは、いわゆる「グレーゾーン」に対する判断には微妙なものを含まざるを得ないことは道理だろう。極端なケースとしては、ふだんから不適切な行動をとる児童生徒を、「発達障害」とラベリングすることによって通常学級から排除してしまうというような逸脱も、なるほど不可能ではないわけである（鈴木二〇一〇など）。

実際のところ、症例によって特性の現れ方は非常に多様とされつつも、診断そのものは「個性の範囲か、それとも障害か」という対抗軸のうえで語られがちである。したがって、いわゆる「大人の発達障害」のケースに至っては、「これまでずっと個性の範囲だと思い込んでいたが、じつは障害だった」という事態が起こってくる。かくして、それまでは当人自身も「個性」の範囲だと考えていたものが、いったん「障害」のカテゴリーへと移行し、そしてふたたび「発達障害も個性」というレトリックでもってノーマルの範疇へと回収し直されるという複雑な構図が展開されたりもするのである。

近年いくつかのアプローチによって、発達障害をめぐる社会的なプロセスについての研究が進められつつあるが（木村二〇一五、鶴田二〇一八など）、このように障害そのものを取りまくメタフォリカルな次元の意味世界もまた、このテーマを構成する重要な論点のひとつたり得るであろう。批評家のソンタグは『隠喩としての病い』の中で、結核や癌といった病に備わる固有のイメージ喚起力が、人々の認識を深く拘束している様を鋭く摘出してみせたが（Sontag 1978）、発達障害をめぐる状況においても、それらと同様のメカニズムが作動しているように思われるのである。

「包摂」と「差異化」の間

以上のように発達障害は、数多ある障害の下位カテゴリーの中でも「個性」への近接性という点において、きわめて独特の立ち位置を占めていると言える。その意味では「障害も個性のひとつ」という定型的表現に対して、最も「相性が良い」のが発達障害だという言い方もできるだろう。当事者たちにとっても比較的納得して受け入れられそうにも映る。もともと「個性の延長」としてのイメージがあるために、「包摂のレトリック」として、すんなりと収まりやすいという一面があるはずだからである。

しかしながら実際のところはというと、現実に起こっている事態は実はそれほど単純ではない。特徴的な現象として、ここでさらにもうひとつ注目したいのは、発達障害をめぐる語りにおいて、もともとは「包摂のレトリック」であったはずのところに「差異化のレトリック」が紛れ込んでくるケースがしばしば認められるという事実である。

ふたたび一般向け書籍の中から該当する箇所をいくつかピックアップしてみると、たとえば次のような例を挙げることができる。

> 発達障害の子どもたちは、枠から外れたように見えるほどの強い個性を持っています。それは、普通の人間では成し遂げることができないような、常識を超えた何者かになる才能を持っている証にほかなりません。

事実、発達障害でありながら世界を股にかけて活躍する著名人は多く存在します。たとえば、映画監督のスティーブン・スピルバーグや俳優のトム・クルーズは、自ら発達障害であることをカミングアウトしています。アップル社の創立者のひとりとして名高いスティーブ・ジョブズも、発達障害の可能性が示唆されています。

また、ニュートン、エジソン、モーツァルト、野口英世、山下清など、歴史上の偉人の中にも、発達障害だったのではと思われる人物が数多くいます。（大坪信之［二〇一八］『発達障害」という個性　AI時代に輝く――突出した才能をもつ子どもたち』幻冬舎、二一～三頁）

確かに彼らは初診の時点でとても困っていますが、環境調整、薬物治療、カウンセリングなどによって発達障害の特性がマイナスからプラスに転じ、苦しみから解放されるばかりでなく、アドバンテージになることさえもあるのです。つまり、発達障害は能力の凸凹であり、最初は凹んだ「影」のマイナス面が目立ちますが、突出した「光」のプラス面は卓越した能力であり、その活かし方次第で人生が大きく変わる可能性を秘めています。（福西勇夫・福西朱美［二〇一八］『マンガでわかる発達障害――特性&個性発見ガイド』法研、五～六頁）

私たち発達障害のある人たちは、ユニークな個性を持つ人が非常に多いです。でも、「普通の人」を目標にしてしまうと、その個性が消されてしまいます。だったら、「普通」を目指すのではなく、個性的に生きることを選んで、他人と差別化しましょう。そして、その個性こそが自分の強みになっていくはずです。（銀河［二〇二一］『「こだわりさん」が強みを活かして働けるようになる本』扶桑社、二四頁）

本書では前節において、障害個性言説がしばしば人々の反発を招いている理由のひとつとして、「包摂のレトリック」と「差異化のレトリック」の間の齟齬が関係しているのではないかという仮説を提示しておいた。すなわち、「障害は個性のひとつ」と口にする側は、障害を特別視せずに多様性の一部として認めていこうという「包摂のレトリック」として語っているつもりなのに、受け取る側にはどうしても、個性を価値として語る「差異化のレトリック」の残像が付きまとってしまう。そのため、そうした物言いに対する違和感が生じてしまうのではないかという可能性である。ところが、ここに列挙したようなタイプの言説はむしろ、発達障害という「個性」を、積極的に「能力」や「才能」という価値と結びつけて語っているところに大きな特徴がある。つまりここに表出されているのは、まさしく「差異化のレトリック」そのものにほかならないのである。障害をめぐる語り方のこれまでの展開からしてみると、これは思わぬ先祖返りというべきで、ここには障害個性言説が行きついた奇妙な逆説を想起させずにはおかない。

こうした成り行きは、どのように説明できるのだろうか。さしあたっての仮説的見通しとしてはこうである。既述の通り発達障害は、「個性」に対して格別に親和性の高い存在であった。となると、「障害も個性」も単なる常套句の段階にとどまることなく、より具体的に「では、それはいかなる個性なのか」という次のステップへと向かいやすい。つまり個性概念に近接しているからこそ、かえって旧来型の「差異化のレトリック」を呼び込んでしまいやすいということではないのかと思われる。

もちろん、より直接的にはそれは、「障害」のラベリングに伴う不利を、緩和ないし反転させようとする言説上の戦略でもあるのだろう。しかしながら現状をみるかぎり、こうした顚末は、もともと混乱含みだった障害個性言説の中でも、さらにもうひとつ攪乱的な要素を加味している一因になってしまっているようにも思われる。特に発達障害の当事者にしてみれば、それは希望の言説としてよりも、むしろ困惑の材料として受け止められる場合も少なくないのではないだろうか。たとえば障害当事者による次の投書記事はそうした一例である。

発達障害への関心の高まりとともに、美術や音楽など、特異な才能を開花させた発達障害者がメディアで報じられている。彼らの活躍を受けて「障害は個性だ」と語る医師や教育者がいるが、私は反対だ。

当事者自身が「自分の障害は個性だ」と言うのならいいと思う。しかし第三者が言うのは、自らに都合のよい解釈の押し付けではないか。その底には「社会的に有益な者こそ価値がある」という前提を感じる。

障害は当事者にとってはやはり苦しいものなのだ。私は発達障害の診断を受けている。少し込み入った話は理解が困難で、学習障害があり、対人関係が不器用で、周囲から孤立しがちだ。務まる仕事は単純作業だけ。外国語など多少得意なものはあるが生計を立てられるほどの技能、才能は何もない。生きづらかったが、四〇代になってようやく人との接し方も身につき、伴侶も得て自分の着地点を見つけた。自己実現はできていないけれど、自分はこれでいい。

才能がなくても、働いていなくても、障害者の生存がそのまま認められる社会であってほしい。（朝日57）

この投稿者が示唆している通り、現実には、発達障害の当事者がみな特殊な能力に恵まれているというわけでないし、また事例として名前が挙がるような成功者たちにしても、必ずしもその成功の要因が発達障害の特性だけで説明できるものでもないだろう。ここには障害と能力という、本来なら独立して別次元で語られるべきものが、不用意に同一平面に置かれてしまっているような印象も受ける。解説書の多くでは、発達障害の具体的な症状は人それぞれ、極めて多様であることが強調されているが、ならば同様に一人ひとりの備える能力や才能も本来多様であるはずだろう。

さらに付言するなら、発達障害にはかつて、この概念が世に知られ始めた初期段階においては、その特性がある種の犯罪傾向と結びつけられて流布したという経緯もあった。世間の注目を集めた少年事件において、加害少年の精神鑑定の結果が「アスペルガー症候群」と診断される状況が相次いだことが、この概念を世に広く知らしめる最初のきっかけでもあったからである。のちにそうしたイメージが偏見や誤解を招いているとして、たびたび注意喚起がなされるという経過をたどるのだが、ここで発達障害を特殊な才能や卓越性と結びつける理解の仕方は、それとはちょうど逆の構図ということになる。方向は正反対でも、しかし、結果的に同じレッテル貼りが繰り返されているということにはならないだろうか。

発達障害をめぐる状況は、個性概念の社会的な有り様について考えるうえでの最近年におけるテーマとして位置づけられるものである。「個性」は今日においてもなお、混乱を引き起こすタネであり続けているのである。

終章

「個性」のゆくえ

近代化の反作用

序章で提示した分析視角に即しながら、本書のこれまでの知見をまとめておくことにしよう。第1～2章で確認してきた通り、日本社会で最初に「個性」に対する関心の高まりが起こった背景には、日本の近代公教育制度がある種の完成段階に到達した状況があった。初等教育段階において学齢児童の皆就学がほぼ達成され、誰もが小学校に通う状況が現実のものとなると、まさにこうした成功の裏返しとして、学校システムに備わる負の側面が人々の間に急速に意識されるようになっていくのである。

集団性の中に埋没してしまった個人性の回復を図るべく、一方ではまず大正新教育の文脈のもと、一部の先進校では「個性教育」の推進が打ち出され、成城小学校のような個別教育の実践が模索されるようになる。他方で公立校を主体とする一般の学校内においても、すでにそれ以前から集団内の個人を捕捉するための知の技術として〈表簿の実践〉が固有の進化を遂げつつあったが、この頃にはその発展型のひとつでもある「個性調査」なる実践が、社会政策としての職業指導や心理学的な学知と結合していくようなしかたで展開していくことになる。

このようなかたちの「個性ブーム」は、一九一〇～二〇年代を中心とする期間においてピークに達し、やがていったん収束していくことになるが、しかし一九八〇年代に入る頃にふたたび二度目のブームが起こる。

注目されるのは、この時もやはり、学校教育がある種の到達点の様相を呈していたことである。

高等学校への進学率が九〇％を超え、日本の公教育は中等教育段階の準義務教育化という意味での、いわば二度目の完成局面を迎えることになるのだが、あたかもその反動のようにして、校内暴力、いじめ、登校拒否といった学校教育をめぐる問題が急速に噴き出していく。こうした閉塞状況を背景としながら、社会的な規模で「個性」への憧憬が再び立ち上がってくるのである。その最初の現われが『窓ぎわのトットちゃん』の空前のベストセラー化であり、その同じ感受性が政治分野で回収された結果が、それに続く臨教審による一連の教育改革であった。

しかも重要なのは、この局面では日本社会そのものが、やはりある種の到達点を迎えていたことである。未曾有の経済成長を経て、人々が長いあいだ待ち望んでいた豊かで平等な社会が実現するのだが、それは同時にまた、かつてなく多くの人々が均質で画一的な生活スタイルを送る、退屈な日常性の拡がる光景でもあった。こうした背景のもと、必ずしも学校教育領域だけにとどまらず、かつてよりもずっと広い文脈のもとで「個性」の発揚が期待される機運が高まっていくのである。

以上の経緯に示される通り、「個性」というテーマが社会的に浮上してくる契機には、近代化の段階的達成に伴う反作用としての一面があったという状況が見えてくるだろう。集団性や均質性、画一性、同時性といった特質をはらんだ近代の様式は、その代償として、一人ひとりの人間の生が疎外されているという実感を伴うものでもあったのであり、そこで回復されるべき社会的目標を集約的に表現した言葉が「個性」だったと考えることができる。人々は、日々感じている閉塞状況の裏返しとして、「個性」という言葉に希望の光を見出すようになっていったのである。

価値としての自立

しかしながら、他方でこの「個性」という言葉は、徐々に言葉そのものの作用でもって——いわばマジックワードとして——、人々を魅了し、そして幻惑させる力を帯びるようにもなっていく。当初は実践的なテーマであったはずのものが、やがて言説的な次元へと、その機能的な適用の場面を移動させていくのである。ここで重要なポイントは、「個性を尊重すること」ではなく「個性そのもの」が、社会的な価値へと転じていったことであった。

もちろんそうした傾向は戦前からすでに始まっていたとは言えるだろう。特に「個性教育」という言葉がスローガン化されている場面では、たしかにそういう傾向がしばしば看取された。しかしそれでもなお、それを具現化したドルトン・プランをはじめとする個別教育の取り組みにおいては、現実の一人ひとりの児童を対象化しようとする、きわめて実践的な姿勢が貫かれていたことも確かであった。また同じ頃、学校世界で広く取り組まれていた「個性調査」の実践は、実際に一人ひとりの「個性」把握を目的とするものだった。そしてそこでいう「個性」とは端的に各々に備わる個人性のことにほかならず、それゆえに特に善悪に関わりのない、単なる個体的特徴の総体を意味する概念だったのである。

それに対して一九八〇年代を迎える頃には、「個性」の語感からマイナスの構成要素はすっかり切り離され、それはもっぱら肯定的なニュアンスを帯びた言葉として流通するようになっていた。と言うより、第5章で詳しく論じた通り、この頃にはもはや、かつてのようには実体としての「個性」の存在が想定されなくなっていたというほうがおそらく正確である。それはいうならば、「個性」の語がそれ自体の揚力でもって自立し、自己増殖していったプロセスであったわけで、実体としてのそれとはほとんど無関係に、もっぱらレトリックとしての「個性」が浮遊し始める。これは必ずしも「個性」の語義そのものが大きく変化したのではない。この言葉の使われる場面での文脈や含みが変化したのである。

このように「個性そのもの」が価値化していくという事態は、一九八〇年代の臨教審が「個性」の「尊重」ではなく「重視」を謳っていた態度に象徴的に示されていたが、それはまた同じ時期の消費社会化状況によっても大きく後押しされていたと言える。いまや画一的であることは凡庸さと同義となり、周囲とは異なること、選択できることに価値が見出され、そしてしばしば、そうしたタイプの人物像が広く賞揚されるようなことが起こってくる。すなわち、ここで言う価値とは端的に差異的価値のことにほかならず、したがって「個性」はもっぱら「差異化のレトリック」として機能していくことになるのである。

そしてそうした展開の一端は、「個性的」「個性化」「個性派」といった派生語表現の流通拡大プロセスの中にも示されていた。その様子は、第5章において詳しく確認してきた通りである。要するにここでは、画一性からの離脱をひたすら追い求めるという、きわめて画一的な思考スタイルが随所で展開されていたことになるわけで、したがってこれは一面においてたいへん皮肉な状況だったとも言えるだろう。

さらにまた、人々が差異としての「個性」を競い合う社会状況というのは、他方では新たな抑圧の契機となり得る事態でもあった。なるほど多様な「個性」が認められるというのは一見したところ望ましいことにはちがいないが、しかし誰もが「個性的」であることが期待される状況となると、それは幸いを通り越してむしろ苛酷である。このように若者が「個性」を煽られることの危うさが、これまで少なからぬ論者によって指摘されてきたが、しかし、そんな声にはお構いなしに、その後の学校カリキュラムでは、愚直に「個性重視」の方針が貫かれていくことになる。道徳科の学習指導要領では一九九〇年代以降、新たに「個性の伸長」が学習内容の中に組み込まれ、現在に至っている。「個性を伸ばすこと」は、もともとはもっぱら教師や教育家たちにとっての課題や目標であったものだが、それが今や生徒たち自身が達成すべき自己課題としても位置付けられるようになって行ったのである。

このような一時の狂乱状況は、さすがに二〇〇〇年代以降、徐々に落ち着いていったように見えるが、しかし、「個性そのもの」を価値とする感覚はすっかり定着しており、そしてまた、それが実在性から遊離したレトリックとして機能する状況は、その後も続いていると言えるだろう。第6章では、その事例として、「障害も個性のひとつ」という障害個性言説を取り上げ、これが従来の「差異化のレトリック」とは異質の「包摂のレトリック」として機能しつつあることを指摘するとともに、これら異質なレトリックが混在し、折り合いのつかぬままに混乱を来している現状について概観してきた。

ポスト近代の「個性」

それでは「個性」をめぐる状況は、今後どのように推移していくことになるのだろうか。もちろん予測など不可能だし、予測すること自体にじつはそれほどの意味があるわけではない。ただ、これまでの知見をふまえた予想図を描いてみることが、本書における議論の理論的なインプリケーションについての再整理につながることもたしかだろう。そんなねらいから、あえてこれからの時代の「個性」のゆくえについての展望を示しておくことにしたい。

するとまず言えそうなことは、ふたたび「個性ブーム」が起こるようなことは、おそらくもうないだろうということである。特に一九八〇〜九〇年代のように、大衆的な規模でもって、誰もが熱に浮かされたように「個性」を希求しはじめるような状況はまず起こらないと思われる。なぜなら、すでに確認してきた通り、これまでのブームは、近代化のあゆみの段階的達成という局面を基盤としながら生起した現象だったからである。言うまでもなくそういう段階はとうにピークアウトしてしまっているわけで、日本社会はもはや、画一的なライフスタイルをもった人々によって構成される社会状況ではなくなり、働き方やジェンダー観など様々な側面において、かつてよりもずっと多様な価値観が浸透している状況にある。と言うより、いまや我々が直面しているのはむしろ、蔽うべくもない格差社会の現実である。

さらに付け加えるなら、メディア環境の変化も重要であるだろう。たとえば学校世界では、事の是非はさておき、eラーニングシステムをはじめとするICTの発達によって、これまで近代公教育を拘束してきた空間的・時間的制約から徐々に解き放たれようとしている。そうした意味で、近代性——集団性、画一性、均質性、そして同時性も含まれる——に対する反作用というかたちで「個性」が社会的テーマとして浮上してくる条件は、もはや失われてしまっているようにも見えるのである。

ただし、さまざまな個別の場面で「個性」の語が利活用されることは、これからも十分に考えられる。なぜなら他方で「個性」は、いまやそれ自体が社会的な価値としてすっかり自立しており、もはや実体としてのそれとは無関係に、もっぱらレトリックの次元において機能するものとなっているからである。

実際、第6章で取り上げた障害個性言説は、すでにそうした現われのひとつとして解釈できるのではないかと思われる。すなわち、高度経済成長期を経て、相応の経済的成功を達成した後の日本社会では、それまでは不可視化されてきた様々な矛盾や差別の存在が気づかれるようになっていったのであり、そうしたトピックスの中でも重要なひとつが、まさしく「障害」というテーマであったと言える。このようにすでに多様性を前提とした社会状況のもとで語られる「個性」が、これまでと同じスタイルではありえなくなったことは明白である。したがって、いまや均質空間からの離脱を指向する「差異化」とは逆のベクトルの、ノーマルな方向への取り込みを指向する「包摂」の文脈が浮上してきたのだと解釈できる。その意味でこれは、いうならばポスト近代の時代における「個性」なのである。

もっとも、「差異化のレトリック」と「包摂のレトリック」の関係は、実際にはシンプルな移行関係とは言い難く、現状はむしろ両者の雑居状態だったわけで、それもまた、混乱を引き起こすタネとなっていることは、第6章の議論においてすでに確認してきた通りである。

ともあれ「個性」は、これからも引き続き、教育的・社会的な価値であり続けるのだろう。しかし本書において何度も確認してきた通り、それは決して素朴に信じられているほどにはイノセントな概念ではない。思えば「個性」の語は、当初からそれを扱う側のそれぞれの立場に応じて、じつに都合よく解釈されてきた。そこに投影されていたのは、ある種の理想や信念や希望であったと同時に、偽善や欺瞞や打算であったり、利害や権益であったりもしてきた。そして場合によっては抑圧の契機をも含みながら、この社会に深く根付いてきたのである。

さしあたって特に今日的な課題として注意喚起が必要なのは、やはり教育機会の平等をめぐる観点であるように思われる。世間一般ではあまり意識されていないことのように思われるが、「個性」と「平等」は、共に似たような教育的・社会的価値でありながらも、もともと背反的なものを含んだ緊張関係にあると言える。

実際に、かつて臨教審のもとで「個性重視」が打ち出された場面では、過度の平等主義によってもたらされた悪弊を克服するためという論理が掲げられもしていた。それまでの戦後教育体制における平等性へのこだわりが、硬直した画一的な教育をもたらしていたと解釈され、それへの対抗軸として「個性」の語が動員されたのだった。

これは裏返すなら、「個性」への傾倒は、平等性が毀損される事態を覚悟せねばならないということでもある。そして、行き過ぎた平等主義が問題だというのなら、無防備な個性幻想もまた、それと同じくらいに警戒が必要である。

具体的には、たとえば第2章の中でみてきた通り、「個性尊重」と職業指導が結びついた時に、結局のところそれが機能的に意味していたものは、それぞれの児童らの「身の丈に応じた」地位配分であった。一人ひとりの個性への対応という理想はたしかに尊いが、他方ではしかし、それはまた格差の固定化を正当化する論理ともなりかねないのである。

「個性の尊重」やら「重視」やらの美名のもとに、かえって窮屈な社会状況に向かってしまったりはしないか。この言葉に接する時、そこにはらまれているかもしれない政治性や思わぬ副作用に用心する構えを、保ち続ける姿勢が肝要であるように思われる。

文献一覧

序章

野村芳兵衛（一九二五）『文化中心修身新教授法』教育研究会

第1章

井上貫一（一九二四）『連帯人の教育』内外出版

今井康雄（一九九八）『ヴァルター・ベンヤミンの教育思想――メディアのなかの教育』世織書房

片桐芳雄（二〇〇六）「日本における個性教育論の展開――大瀬甚太郎を手がかりに」『日本女子大学紀要・人間社会学部』17、一四五〜一五九頁

吉良偀（一九八五）『大正自由教育とドルトン・プラン』福村出版

国立教育研究所編（一九七三〜七四）『日本近代教育百年史』全一〇巻

小針誠（二〇一五）『〈お受験〉の歴史学――選択される私立小学校 選抜される親と子』講談社

澤柳政太郎（一九〇九）『実際的教育学』同文館＝（一九六二）『世界教育学選集22 実際的教育学』明治図書

澤柳政太郎編（一九二七）『現代教育の警鐘』民友社

成城学園六十年史編集委員会編（一九七七）『成城学園六十年』筑摩書房

新田義之（二〇〇六）『澤柳政太郎――随時随所楽シマザルナシ』ミネルヴァ書房

橋本美保・田中智志編（二〇一五）『大正新教育の思想――生命の躍動』東信堂

水内宏（一九六七）「澤柳政太郎の教育と思想」『教育学研究』34（1）、八〜一七頁

山下徳治（一九三九）『明日の学校』厚生閣＝（一九七三）『世界教育学選集76 明日の学校』明治図書

Dewey, J. 1915, "*The school and society*" ＝宮原誠一訳（一九五七）『学校と社会』岩波書店

Hamilton, D. 1989, "*Towards a theory of schooling*" Falmer Press. ＝安川哲夫訳（一九九八）『学校教育の理論に向

けて――クラス・カリキュラム・一斉教授の思想と歴史』世織書房

第2章

天野正輝（一九九三）『教育評価史研究――教育実践における評価論の系譜』東信堂
有本真紀（二〇一五）「「個性調査簿」による児童理解実践の様相――昭和初期以前の一次史料の検討」『立教大学教育学科研究年報』59、七五～一〇〇頁
石岡学（二〇一一）『「教育」としての職業指導の成立――戦前日本の学校と移行問題』勁草書房
江口潔（二〇一〇）『教育測定の社会史――田中寛一を中心に』田研出版
大伴茂（一九二九）『個性調査と教育指導』明治図書
――（一九六二）「学究自伝」関西学院大学人文学会『人文論究』12（4）、一～一五頁
河野誠哉（一九九五）「〈表簿の実践〉としての教育評価史試論――明治期小学校における学業成績表形式の変容をめぐって」『教育社会学研究』56、四五～六四頁
木村元（一九九〇）「近代日本義務制小学校における社会的機能の新展開――「職業指導」の導入に注目して」牧柾名編『公教育制度の史的形成』梓出版社、八九～一二〇頁
教育史編纂会編（一九三八～三九）『明治以降教育制度発達史』龍吟社
国立教育研究所編（一九七三～七四）『日本近代教育百年史』
佐藤健二（一九八七）『読書空間の近代――方法としての柳田国男』弘文堂
社会教育研究会編（一九二七）「児童生徒の個性尊重及職業指導に関する文部大臣の訓令並に次官の通牒」『社会教育』4（12）、六〇～六一頁
鈴木智道（一九九八）「近代日本における下層家族の「家庭」化戦略――戦間期方面委員制度の家族史的展開」『東京大学大学院教育学研究科紀要』38、二二三～二二七頁
武石典史（二〇一二）『近代東京の私立中学校――上京と立身出世の社会史』ミネルヴァ書房
樋口勘治郎（一九〇四）『小学校管理法』金港堂
文部科学省総合教育政策局調査企画課編（二〇二一）『諸外国の高等教育』明石書店
文部省（一九〇九）『全国優良小学校実況』金港堂

――――（一九三七）『国体の本義』
山極武利（一九三一）「東京市小学校に於ける個性調査票」『心理学研究』6（5）、七五～八四頁
山根俊喜（一九九五）「明治後期～大正初期における個性教育論の諸相」稲葉宏雄『教育方法学の再構築』あゆみ出版、一九六～二二二頁
山本信良・今野敏彦（一九七三）『近代教育の天皇制イデオロギー』新泉社
米田俊彦編（二〇〇七）『大日本職業指導協会と機関誌『職業指導』（続）』お茶の水女子大学大学院人間文化研究科人間発達科学専攻CEO事務局
Chapman, P.D. 1988, "*Schools as sorters: Lewis M. Terman, applied psychology, and the intelligence testing movement, 1890–1930*". New York University Press. ＝菅田洋一郎・玉村公二彦監訳（一九九五）『知能検査の開発と選別システムの功罪――応用心理学と学校教育』晃洋書房
Foucault, M. 1975, "*Surveiller et punir*". ＝田村俶訳（一九七七）『監獄の誕生――監視と処罰』新潮社
Lemann, N. 1999, "*The big test : the secret history of the American meritocracy*". ＝久野温穏訳（二〇〇一）『ビッグ・テスト――アメリカの大学入試制度　知的エリート階級はいかにつくられたか』早川書房

第3章

原田三朗（一九八八）『臨教審と教育改革』三一書房
婦人俱楽部（一九八二）「黒柳徹子の「トモエ学園」の同窓会」『婦人俱楽部』63（1）、二二二～二二九頁
保坂亨（二〇一九）『学校を長期欠席する子どもたち――不登校・ネグレクトから学校教育と児童福祉の連携を考える』明石書店
市川昭午（一九九五）『臨教審以後の教育政策』教育開発研究所
乾彰夫（一九八七）「「個性重視の原則」と臨教審の日本社会像・人間像」『教育』35（9）、七六～八三頁
太田佳光（一九九五）「教育問題の社会学的考察――モラルパニック論による校内暴力の分析」『愛媛大学教育学部紀要』41（2）、六五～八四頁
加藤美帆（二〇一二）『不登校のポリティクス――社会統制と国家・学校・家族』勁草書房
苅谷剛彦（一九九五）『大衆教育社会のゆくえ――学歴主義と平等神話の戦後史』中央公論社

黒柳徹子（二〇一五）『窓ぎわのトットちゃん 新組版』講談社
佐藤卓己（二〇〇八）『輿論と世論――日本的民意の系譜学』新潮社
佐野和彦（一九八五）『小林宗作抄伝――トットちゃんの先生 金子巴氏の話を中心に』話の特集
出版ニュース社編（二〇〇二）『出版データブック改訂版 1945～2000』出版ニュース社
臨時教育審議会編（一九八八）『教育改革に関する答申――臨時教育審議会第一次～第四次（最終）答申』大蔵省印刷局

第4章

浅野智彦（二〇一五）『「若者」とは誰か――アイデンティティの30年〔増補新版〕』河出書房新社
市川昭午（一九九五）『臨教審以後の教育政策』教育開発研究所
玄田有史（二〇〇五）『14歳からの仕事道』理論社
田中康夫（二〇一三）『なんとなく、クリスタル〔新装版〕』河出書房新社
寺脇研（二〇一八）『危ない「道徳教科書」』宝島社
土井隆義（二〇〇三）『〈非行少年〉の消滅――個性神話と少年犯罪』信山社
――（二〇一二）『少年犯罪〈減少〉のパラドクス』岩波書店
文部科学省（二〇一八ａ）『小学校学習指導要領（平成二九年告示）解説 特別の教科 道徳編』廣済堂あかつき
――（二〇一八ｂ）『中学校学習指導要領（平成二九年告示）解説 特別の教科 道徳編』教育出版
文部省（一九六九）『小学校指導書 道徳編』＝中村紀久二監修（一九九一）『文部省 学習指導書』第二七巻、大空社
Baudrillard, J. 1970, "*La société de consommation: ses mythes, ses structures*" ＝今村仁司・塚原史訳（二〇一五）『消費社会の神話と構造〔新装版〕』紀伊國屋書店

第5章

李在鎬・石川慎一郎・砂川有里子（二〇一八）『新・日本語教育のためのコーパス調査入門』くろしお出版
片桐芳雄（一九九五）「日本における「個性」と教育・素描――その登場から現在に至る」森田尚人ほか編『教育

学年報4――個性という幻想』世織書房、五三～八四頁
――（二〇〇六a）「近代日本における「個性」の登場――「個性」の初出を求めて」『日本女子大学大学院人間社会研究科紀要』12、一五～二九頁
――（二〇〇六b）「近代日本の教育学と「個性」概念」『人間研究』42、三～一二頁
――（二〇〇七）「近代日本における個性教育論への道――教育雑誌掲載論文の検討を通して」『日本女子大学大学院人間社会研究科紀要』13、六五～七八頁
中村保男（一九八一）『イメージとしての英語』日本翻訳家養成センター
広田照幸（二〇〇一）『教育言説の歴史社会学』名古屋大学出版会

第6章

乙武洋匡（一九九八）『五体不満足』講談社
木村祐子（二〇一五）『発達障害支援の社会学――医療化と実践家の解釈』東信堂
黒柳徹子（二〇〇一）『小さいときから考えてきたこと』新潮社
河野哲也（二〇〇〇）「障害は「個性」か？――特殊教育とその倫理的問題」『慶應義塾大学日吉紀要　人文科学』15、一～二八頁
榊原洋一（二〇〇二）『子どもの発達障害　誤診の危機』ポプラ社
鈴木文治（二〇一〇）『排除する学校――特別支援学校の児童生徒の急増が意味するもの』明石書店
総理府編（一九九五）『障害者白書　平成七年版』
立岩真也（二〇一四）『自閉症連続体の時代』みすず書房
土田耕司（二〇一五）「障害個性論の背景――「障害は個性である」という言葉の役割」『川崎医療短期大学紀要』35、五一～五五頁
鶴田真紀（二〇一八）『発達障害の教育社会学――教育実践の相互行為研究』ハーベスト社
ホーキング青山（二〇一七）『考える障害者』新潮社
茂木俊彦（二〇〇三）『障害は個性か――新しい障害観と「特別支援教育」をめぐって』大月書店
森真一（二〇〇〇）『自己コントロールの檻――感情マネジメント社会の現実』講談社

山岸倫子（二〇〇九）「障害個性論の再検討」『社会福祉学評論』9、一～一一頁
横塚晃一（二〇〇七）『母よ！殺すな』生活書院
米田倫康（二〇一八）『発達障害バブルの真相――救済か？　魔女狩りか？　暴走する発達障害者支援』萬書房
Sontag, S. 1978, "*Illness as metaphor*" = 富山太佳夫訳（二〇一二）『隠喩としての病い　エイズとその隠喩』みすず書房

あとがき

慣例に従い、本書の一部を構成することになった既発表論文を時系列順に以下に列記しておくことにする。

①「「個性」の生産――昭和初期「個性調査」を題材として」（森重雄・田中智志編［二〇〇三］『〈近代教育〉の社会理論』勁草書房）

②「「個性」というアポリア――教育改革、若者文化、障害者理解をめぐる横断的考察」（山梨学院大学［二〇二〇］『大学改革と生涯学習（24）』）

③「「個性」史再考――その長期趨勢をめぐって」（青木栄一・丸山英樹・下司晶・濱中淳子・仁平典宏・石井英真編［二〇二一］『教育学年報12 国家』世織書房）

④「道徳教育における「個性」――学習指導要領ならびに教科書についての検討」（東京女子大学［二〇二二］『教職・学芸員課程研究（3）』）

①と②以下の発表時期の間のインターバルの長さからも察せられる通り、ここに至るまでには

いろいろと曲折を経ている。もともとは近代学校空間における個人性の析出過程を明らかにしていこうという、身体論的ないし技術論的な関心から出発した研究だったが、①をはじめ、いくつかの論稿を発表したところですっかり行き詰まってしまっていた。ずいぶん長い間そのままになっていたが、ある時期からよりストレートに、個性言説をめぐるいかがわしさについて考えるようになり、そして②〜④を書き上げたところで、類書もないことだし、ふだん考えていることも含めて一書にまとめてみようという気持ちが生まれてきて、取り組んでみた結果が本書ということになる。

ただし、これらが素材として使用されたことはたしかだが、今回一冊の書物としてまとめるにあたって相当に改変がほどこされているので、ほとんど原形をとどめていない。いちおう具体的な対応関係も示すことにすると、①は第2章の本体部分を構成し、②はばらばらに解きほぐして第3章、第4章、第6章の骨格に充てた。③は比較的原形をとどめているほうであるが、これを第5章に組み込み、そして④は第4章の2として構成し直してある。

本書の中に掲げた「鳥の眼のアプローチ」というのは、もともとの発想としては、はるか昔の学部生時代に、自分が在籍していた研究室の助手としていらした森重雄さんの論文「モダニティとしての教育——批判的教育社会学のためのブリコラージュ」(『東京大学教育学部紀要』27、一九八八)から学んだものが原型である。教育をめぐる個別テーマがどうこうというよりも以前に、そもそも「教育」と呼ばれている営みそのものが歴史性を備えた近代社会の所産であることを論じた同論文のインパクトは、当時の私にとっては本当に大きなものだった。誰の目からも見えているはずなのに気づかれずにいる位相を抉り出し、対象化していく手つきがとても鮮やかなものに思えたのである。以来、社会現象を捉える際のこのようなフォーカスの操作術は、私の中でずっとお手本であり続けて現在に至っている。

このような方法的態度のことを、森さんご自身は「微分」よりも「積分」を志向するものと表現しておられたが、私自身としては視覚的な比喩のほうがしっくりくるという判断から、ここでは「鳥の眼」とした次第である。

もっとも、本文中にも書いた通り、これ自体はあくまで比喩的な表現の類と言うべきで、決して学術的に精緻な概念ではないとも感じている。ネットで検索してみると、むしろビジネス業界などで流通している言葉のようでもある。時代を乗り切っていくための経営感覚として「鳥の眼」と「虫の眼」の両方を駆使することが重要、などというわけである。

研究の世界でも、もちろん「鳥の眼」も「虫の眼」も両方とも必要なことは言うまでもないが、こちらは知の共同体なので、なにも個々の研究者がひとりで両方とも背負いこむ必要はないはずである。そしてこの業界では「虫の眼」のほうが圧倒的に優勢であるように思われるので、私個人の役割としては、あえて大きな見取り図を描くことのほうを選択するのだという心積もりもあった。

実際のところ、長期的なスパンを俯瞰的に眺めることを通して、とりわけいくつかの事象の間の対比的な関係性が捕捉できたことはそれなりの収穫だったと感じている。「個性ブーム」の二度のピークと、それぞれの構成要素でもある一九二〇年代の「個性尊重」訓令と一九八〇年代の「臨教審答申」の対照なぞはもちろんのことだが、そのほかにも例えば『窓ぎわのトットちゃん』と『五体不満足』の間の関係、学校世界における一九二〇年代頃の心理学パラダイムと二〇〇〇年代以後の精神医学パラダイムの間の関係などがそうである。決して「歴史は繰り返す」などという粗雑な物言いをするつもりはないが、一見したところまったく個別に独立して生起しているはずの出来事の間に、しばしば共通する構図のようなものが浮かんで見えてくるのである。歴史的な観点に根ざしたこのような物の見方は、今現在の状況に流されない多面的な判断力を養うための重要な立脚点でもあると考えている。

こうしたアプローチのもとでの「個性」概念の沿革をめぐる本書の読み解きが果たしてどれほどに有効なものであったか、その成否については読了してくださった皆さんの判断に委ねることにしたい。

本書をまとめるにあたっては、コロナ禍の鬱屈の最中にふと思い立って旧知の仲間に声掛けして細々と始めたオンライン研究会が、思わぬかたちで効果を上げることになった。各章を書き上げるごとに研究報告を行ったが、これが有益な助言を得られる機会ともなり、格好のペースメーカーともなった。付き合ってくれた上原秀一氏（宇都宮大学）と池上徹氏（関西福祉科学大学）の両名には心より感謝したい。

家庭内でのサポートのことにも触れておかねばならないだろう。自分の原稿の最初の読者はいつも配偶者だという研究者のことを時々見聞きすることがあるが、我が家もそのパターンである。本書も各章の草稿が書きあがるごとに家庭内で校閲にかけた。決して専門的な助言が得られるわけではないが、思わぬ落とし穴を指摘してもらえたり、そして何よりも、たまに面白かった箇所に鉛筆でマル印などが付いていたりするのはとにかく励みになる。どうにも小っ恥ずかしすぎて、なかなかあらたまったやりとりを交わす機会はないものだが、この際なので深甚の感謝を、妻に謹呈しておくことにしよう。

そして最後に。それぞれ米寿と傘寿を迎え、宮崎で元気に暮らしている父と母に謹んで本書を捧げることにしたい。

二〇二四年九月

河野誠哉

河野誠哉 かわの・せいや

一九六九年、宮崎県生まれ。東京大学大学院教育学研究科博士課程単位取得退学。山梨学院大学経営学部教授などを経て、現在、東京女子大学現代教養学部教授（教職課程担当）。専門は教育社会学・歴史社会学。著書に『〈近代教育〉の社会理論』（共著、勁草書房、二〇〇三年）、『職業と選抜の歴史社会学――国鉄と社会諸階層』（共著、世織書房、二〇〇四年）など。

筑摩選書 0292

個《こ》性《せい》幻《げん》想《そう》
教育的価値《きょういくてきかち》の歴史《れきし》社会学《しゃかいがく》

二〇二四年一一月一五日　初版第一刷発行

著　者　河野《かわの》誠哉《せいや》

発行者　増田健史

発行所　株式会社筑摩書房
東京都台東区蔵前二-五-三　郵便番号 一一一-八七五五
電話番号　〇三-五六八七-二六〇一（代表）

装幀者　神田昇和

印刷 製本　中央精版印刷株式会社

ISBN978-4-480-01811-3 C0337

筑摩選書 0065

プライドの社会学
自己をデザインする夢

奥井智之

我々が抱く「プライド」とは、すぐれて社会的な事象なのではないか。「理想の自己」をデザインするとは何を意味するのか。10の主題を通して迫る。

筑摩選書 0125

「日本型学校主義」を超えて
「教育改革」を問い直す

戸田忠雄

18歳からの選挙権、いじめ問題、学力低下など激変する教育環境にどう対応すべきか。これまでの「改革」の功罪を検証し、現場からの処方箋を提案する。

筑摩選書 0141

「働く青年」と教養の戦後史
「人生雑誌」と読者のゆくえ

福間良明

経済的な理由で進学を断念し、仕事に就いた若者たち。知的世界への憧れと反発。孤独な彼ら彼女らを支え、結びつけた昭和の「人生雑誌」。その盛衰を描き出す！

筑摩選書 0165

教養派知識人の運命
阿部次郎とその時代

竹内洋

大正教養派を代表する阿部次郎。『三太郎の日記』で栄光を手にした後、波乱が彼を襲う。同時代の知識人との関係や教育制度からその生涯に迫った社会史的評伝。

筑摩選書 0167

「もしもあの時」の社会学
歴史にｉｆがあったなら

赤上裕幸

過去の人々の、実現しなかった願望、頓挫した計画など「ありえたかもしれない未来」の把握を可能にし、「未来」への視角を開く「歴史のｉｆ」。その可能性を説く！

筑摩選書 0173

掃除で心は磨けるのか
いま、学校で起きている奇妙なこと

杉原里美

素手トイレ掃除、「道徳」教育など、教育現場では奇妙なことが起きている。朝日新聞記者が政治家から教師、父母まで徹底取材。公教育の今を浮き彫りにする！

筑摩選書 0184

明治史研究の最前線

小林和幸 編著

政治史、外交史、経済史、思想史、宗教史など、多様な分野の先端研究者31名の力を結集し明治史研究の最先端を解説。近代史に関心のある全ての人必携の研究案内。

筑摩選書 0191

3・11後の社会運動

8万人のデータから分かったこと

樋口直人
松谷満 編著

反原発・反安保法制運動には多数の人が参加した。なぜ、どのような人が参加したのか、膨大なデータから多角的に分析。今後のあり方を考える上で示唆に富む労作！

筑摩選書 0197

生まれてこないほうが良かったのか？

生命の哲学へ！

森岡正博

人類2500年の歴史を持つ「誕生否定」の思想。古今東西の文学、哲学思想を往還し、この思想を徹底考察。反出生主義の全体像を示し、超克を図った本邦初の書！

筑摩選書 0199

社会問題とは何か

なぜ、どのように生じ、なくなるのか？

ジョエル・ベスト

みんなが知る「社会問題」は、いつ、どのように社会問題となるのか？　その仕組みを、六つの段階に分けて平易に解説。社会学の泰斗による決定的入門書！

筑摩選書 0202

盆踊りの戦後史

「ふるさと」の喪失と創造

大石始

敗戦後の鎮魂の盆踊り、団地やニュータウンの盆踊り、野外フェスブーム以後の盆踊り、コロナ禍と盆踊り……その歴史をたどるとコミュニティーの変遷も見えてくる。

筑摩選書 0205

日本の包茎

男の体の200年史

澁谷知美

多数派なのに思い悩み、医学的には不要な手術を選ぶ男たち。仮性包茎はなぜ恥ずかしいのか。幕末から現代までの文献を解読し、深層を浮かび上がらせた快作！

筑摩選書
0208
「暮《くら》し」のファシズム
戦争は「新しい生活様式」の顔をしてやってきた
大塚英志
「ていねいな暮らし」を作り出した女文字のプロパガンダとは何か。パンケーキから二次創作まで、コロナとの戦いの銃後で鮮明に浮かび上がる日常の起源。

筑摩選書
0210
日本回帰と文化人
昭和戦前期の理想と悲劇
長山靖生
横光利一、太宰治、保田与重郎、三木清、京都学派……。彼らは絶望的な戦争へと突き進む日本に何を見たか。多様な作品を読み解き、その暗部に光を当てる意欲作。

筑摩選書
0216
連帯論
分かち合いの論理と倫理
馬渕浩二
〈連帯〉という言葉はすでに有効性を失っているのだろうか——。思想史的検討を経て、連帯が人間の基本構造であることを提示し、言葉の彫琢を試みた初の論考。

筑摩選書
0218
PTA　モヤモヤの正体
役員決めから会費、「親も知らない問題」まで
堀内京子
「入退会自由のはずがそうでない」問題から「会費の行方があまり知られていない」問題、「大きくて深い」問題まで、PTAに「?」を持つ全ての人、必読の書!

筑摩選書
0234
鬼滅の社会学
家族愛・武士道から〈侠の精神〉の復権まで
井上芳保
『鬼滅の刃』が包含する普遍の問いを総ざらい。『武士道』『八犬伝』『史記』等の古今東西の作品からトッド、ニーチェ、ウェーバーの思想までを総動員して考察する。

筑摩選書
0247
東京10大学の150年史
小林和幸 編著
筑波大、東大、慶應、青山学院、立教、学習院、明治、早稲田、中央、法政の十大学の歴史を振り返り、各大学の特徴とその歩みを日本近代史のなかに位置づける。